科学装懂指南

〔韩〕轨道 著 程乐 译

台海出版社

序言

这个是"脚底排毒贴"，如果睡觉时将它贴在两个脚掌上，身上的毒素和废弃物会全部排出，甚至针对小腿肌肉还有减肥的效果。昨天我贴完，一觉起来后就变黑了，毒素好像都消失了，你也贴上试试吧。

朋友昨天和我见面时，兴高采烈地给我推荐了"脚底排毒贴"这个东西。"虽然心里非常感谢，但如果将脚掌上的毒素和废物全部排出，似乎应该有一个巨大的窟窿才对啊……"毕竟挤破皮肤，排除那些巨大的毒素和废物，皮肤本身就会有些破损。我们再把这里所说的毒素分析一下。产品上标明人体内的毒素种类大致有三种：钠元素、尿素、胆固醇……这些听起来都好像是严重的有害物质。好像只要把这些可怕的东西真正地取出来，你就会健康起来。让我们看看其他有毒物质：十八碳酯、辛烷酸、苯丙氨酸、多孔酸、甲醛、苯、硫化物……哎哟，只要一听，就能闻到毒素的味道。但事实上，刚才所涉及的物质都是鸡蛋里所含的成分。原来鸡蛋是这么可怕的食物啊！不小心吃了鸡蛋卷会突然死亡吗？其实，这些都是在开玩笑。

大多数不熟悉科学的人一听到这些陌生的化学物质，就认为是有害的，因此会认为在脚底贴足贴也能排出毒素。事实上，我们每天都在排出钠、胆固醇等这类物质，比如流汗、排尿。足贴也只是吸收人体自然排出的汗液，并与汗发生反应，留下了黑色的痕迹而已。我们周围有很多大大小小的伪科学，并不是说它们一定一无是处，相信、依赖、积极主张某一件事也许并非坏事，但如果说这些就是科学，那肯定是不对的。

以前也有一种教我们说漂亮话的伪科学。倒两杯水，对一边的杯子说好话，对另一边的说脏话。经常被称赞的水，最后结成了漂亮的冰晶，遭受辱骂的水被冻成了丑陋的模样。因为结冰的形态是多种多样的，因此只要挑选出合适的照片，就能让别人以为这个实验得到了不错的结果。那么，实际的情况如何呢？每天告诉水，你就是"斯巴西八"，虽然在韩语中可能会产生"骂人"的误解，但在俄语中这是"谢谢"的意思，水会怎么样变化呢？难道俄国的水会生成美丽的冰晶而韩国的水就会变得丑陋吗？

对着搅动空气的电风扇吹可以使人窒息而死，玉手镯中经常会放出的远红外线反而会提高人体免疫力，这些说法就像放屁可以预防癌症一样荒唐，还有人声称屁中含有的硫化氢能够保护体内细胞。这些都是"人为再生产出来的科学"。

科学是在同样的条件下，让每个人都能得到同等水平的观测结果。

先把这句话记在心里，再读这本书，你至少就不会再傻乎乎地陷入假科学的泥坑了，不要只知道顾着自己，也要去帮助周围那些遭受伪科学影响浪费了时间和金钱的朋友们。通过本书认识科学的这一过程可能是"虚张声势"，有点"装"，但只要解除了困惑就是一件非常快乐的事。

生活中只要出现科学用语，人们往往会畏惧或不知所措，求助于那些看起来就值得信赖的科学家。但这并不是说只有科学家是对的，只有科学是高贵的，他们当然也会出错。在过去数百年间，科学家们出过的错数不胜数，但通过他们错误的假设，人类也在不断向真理前进。但令人遗憾的是，不是科学家的我们，在日常生活中接触伪科学或科学时，却往往会省略精妙的思考过程。

人们都说，轻率地掌握科学是危险的。我认为，站在热爱科学的立场上认识科学并不是一件坏事，因为对任何事物都不关心才是最可怕的事。无论如何轻率，也不可能在家里误造出核弹不是吗？

想通过这本书让大家了解到科学的"深度"，可能会很困难。如果大家说这位作者讲述的科学故事既简单又有趣，我也会有些难为情。但笔者希望这本书能够被摆在路过的商店里，成为像"胖乎乎的香蕉牛奶"一样畅销的科学书籍。如果你对每天重复的日常生活感到乏味，就插上"好奇心"的吸管，吸一口下去，嘴里便会立刻溢出科学甜美的香味。

目录 | CONTENTS

1　人类对未知充满好奇

2　益于人生实战的故事

3　电影般的现实，现实般的电影

4　必备的科学涵养，不知道就是你的损失

1

人类
对未知充满好奇

酒，
喝出你的故事

酒精的科学

如今，任何快乐都变成了悲伤。

每杯葡萄酒都有毒。

独处，

独自一人没有你，

事先没想到没有你会那么痛。

——赫尔曼·黑塞《没有你》

简单来说，酒对身体不好。心情好的时候喝酒，可能对身体产生副作用，经历了离别的痛苦后喝酒当然就更不好了。但酒真的对身体有害吗？哪种程度的饮酒是恰当的呢？以下这则警告语中也并未涉及。

警告：过量饮酒会引起肝硬化、肝癌，提高驾驶及工作时的事故发生率，另外，还会引发酒精中毒。

我们喜欢的酒和酒精的主要成分相同，即"乙醇"。当然，包含我在内的很多科学家们都爱好喝酒。但这并不意味着在实验室里打开酒精灯盖就可以咕咚咕咚地喝。因为酒精灯里掺入了甲醇，若一不小心喝了进去，内脏便会像被福尔马林溶液浸泡一样。因为甲醇氧化会产生甲醛，福尔马林溶液就是一种含有甲醛的消毒剂、防腐剂、杀虫剂。

乙醇——进入肝脏分解——产生乙醛——使得脑对机体的控制产生异常

甲醇——进入肝脏分解——产生甲醛——失明或死亡

若酒精灯中是浓度为100%的乙醇，也未尝不可，而且可以稀释过后拿来饮用，那为何又要在里面加入甲醇呢？这是因为通过正常流通渠道销售的酒类都是要交税的，而如果将实验室里大量的乙醇用水稀释后用作饮用酒销售的话，则会影响酒类的正规流通渠道。实验材料总不能和酒一起征税吧！为了不让实验室用的免税的乙醇被随意饮用，因而掺入了甲醇。这虽说有些不近人情，但可以避免在酒类合法流通过程中可能导致的各种问题，因而称得上是一个不错的方法。

有一个"过度饮酒人变狗"的故事，它是从何而来呢？为了弄清它，我们必须来重点谈一谈乙醇。

乙醇的化学式是 C_2H_5OH，分子模型如图所示。我们喝的酒中的乙醇分子的形状就像狗一样，因而就产生了"变成狗"的说法。现在的宠物狗其实是数万年前由狼驯化而来的，随意说"人变狗"终究是不太好的。（事实上，醉酒人的行为同狗相比更像是疯狂地摇晃胳膊和腿的充气娃娃。）希望大家仅把它简单当作理工实验室里的幽默吧！

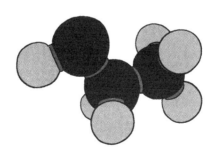

与狗相似的乙醇分子模型图

我们偶尔会看到这样的报道：某位百岁老人长寿的秘诀是规律饮酒。据吉尼斯世界纪录记载，让娜·卡尔门（1875-1997，享年 122 岁）是截至 1997 年最长寿的人。她午餐时，必须喝一杯葡萄酒。这位奶奶将自己居住了 90 多年的公寓卖给了一位律师，并订下了不一次性结款，而是需要律师每个月支付她生活费，直到她去世，死后再无偿把公寓赠送给律师的条款。但结果是律师先一步去世，而她又活了超过 30 年，而律师的遗孀必须继续支付她生活费。这些年支付的钱早已超过了公寓价格的两倍。卡尔门奶奶能预想到这样的结果吗？这偶然的生财之道大概与她每天喝的葡萄酒息息相关吧！

　　而今，各类研究甚至为了健康生活而提倡饮酒。法国人将健康归结于喝葡萄酒的这一悖论[①] 也在四处传扬。最近，在美国圣地亚哥大学甚至出现了酒喝得越多大脑越健康的言论。研究结果显示，每天喝三杯烈酒的人活到 85

---

① 法国人的悖论（French Paradox）1990 年美国记者创造的新词，指：法国人因摄取高脂肪食物导致胆固醇数值较高引发的心脏病死亡率约为美国人一半的现象。

岁都不会得老年痴呆症。我们可能还不知道，市面上有很多类似于写着"包含14种有机物的健康果蔬"的饮品，其实是加入了小麦成分的"一日烈酒"。从这个角度上看，那些长期不喝酒的人反而最有可能成为无法控制自身的傻瓜吧！

法国人的悖论涉及"白藜芦醇"^①这一物质。葡萄皮和葡萄籽中就含有丰富的白藜芦醇。与水相比白藜芦醇更易溶于酒，所以在红酒中大量存在。另外，通过动物实验已经证实了白藜芦醇具有抗氧化的功效。不过要想显著地看到它的这一功效，每天需要喝至少30瓶葡萄酒才行。虽然不知道每日饮用一两杯葡萄酒对保持健康究竟有多大的帮助，但你首先产生的无论如何都要喝酒的想法，就是酒给你的答案。

读到这里，如果您已拿出珍藏的红酒，并且已用开瓶器拧开软木塞放在旁边的话，可能您需要向这瓶即将被扔掉的珍贵红酒表达一份歉意了。因为，刚刚提及的研究结

---

① 植物中产生的白藜芦醇（Resveratrol）有抗癌、抗炎、抗氧化等功效，但对于人体造成的毒性以及服用的副作用未有明确报道。

果全都是不可信的。（当然，适量饮酒也不利于健康的研究仍在进行当中。）

加拿大维多利亚大学正在原有论文的基础上验证酒的积极功效。在选定参与研究对象的过程中也揭露了一些问题。请看如下两个团队：

A 团队：滴酒不沾的人群。

B 团队：每天喝一两杯的人群。

在实验中，将样本分成两组是为了要进行对比。而在这个实验中，事实上 A 组中也包含了一些从前很能喝酒但由于身体原因不得不戒酒的人。把他们与 B 组的健康状态进行比较。而后，将 A 组中因健康恶化而戒酒的人去除后又进行了一次比较，结果显示几乎不喝酒的人是最健康的。

我们再看一个例子。美国有研究显示：适量饮酒可以延缓大脑衰老。但英国却出现了与此相反的研究结果：即便是适量饮酒也会引起脑部认知功能的损伤。难道是每个国家对饮酒这一词的定义不同吗？在美国喝酒有利于健康，在英国喝酒就有害吗？那么从华盛顿达拉斯机场飞往伦敦希思罗机场机舱内的红酒仅有一半是有益的吗？究竟谁的话更为可信呢？

对人体寿命和人类生活的研究竟有如此多的不确定性，难免让人抱怨，但又无可奈何。若把地球的生命换算成 60 秒的话，从类人猿开始人类社会仅仅经过了 0.001 秒的瞬间。从这个角度来说，人类本身对自我的认知还不够明朗，用所谓的科学实验来研究它，暂无结论也是无可厚非的。

为了平息此类纷争，美国国立卫生研究院率先站了出来。他们选取了特定对象研究每次喝酒对身体产生的影响。据悉这一次计划将挑选来自美国、欧洲、非洲等 16 个城市 8000 多名人员进行为期长达 6 年的国际实验。期待这次能够揭开困惑已久的谜团，但也要做好无法成功的心理准备。据估计仅本次研究的临床实验费就已高达 1 亿美元，其中近 70% 的研究费用由世界著名的酒类企业赞助[①]。如果你是酒类企业的老板，这次最终得出的结论是：饮酒不利于健康的话，你还会袖手旁观吗？一旦涉及赞助商的自身利益，我认为无论怎样强调保持研究结果的纯粹性，都

① 包括百威英博、喜力、帝亚吉欧、保乐力加、嘉士伯等共捐赠 6770 万美元。

是有困难的。所以研究结果是否可信，我们不能确定。

　　有研究结果表明：和不饮酒的人相比，少量饮酒的人保持长寿的秘诀并非在于酒本身的好处，而是因为这类人有较高的社会地位、良好的教育以及优越的生活条件。因而可以说少量饮酒能使人身心放松从而保持健康，但很难说明饮酒本身能使我们保持健康。"适量饮酒有益健康"这句话真的是酒桌上最虚张声势的说法！

　　刚才倒出的红酒可能已充分醒酒了，那来品尝一口吧！对健康不利怎么办？变胖怎么办？这些对于酒的担忧只能让你产生的反安慰剂效应①愈演愈烈。我们与其梦想着健康生活，倒不如像乐观的法国人一样从吃喝本身寻找快乐！用玫瑰花瓣般的绚丽色彩填满酒杯的这幅美丽画面，是任何东西都无法比拟的。那么，大张旗鼓的宣扬适量饮酒有益身体健康又有何不可呢？

---

① 性质与安慰剂效应完全相反，病人不相信治疗有效，可能会令病情恶化。

来一次
深海热泉的旅行吧

深海的科学

你擅长游泳吗？你曾经尝试过海底潜水吗？如果尝试过，我很好奇你能潜多深。即便算不上水中精灵，但生来就与水有不解之缘的人也大有人在。他们在炎热的夏日分享潜水经验时，永不缺少的一项就是炫耀自己潜水有多厉害，可以潜多深，当然这些数值都是主观的。即便把这些数值全部加起来可能还不及我们将要谈论的数值的1%。

　　你戴着潜水镜穿着脚蹼摸到了海星，就以为自己已身处大海中心，那真是无稽之谈。一般可以进行水中散步的海域，只占到全部海洋的5%。剩下的95%是你豁出命都无法企及的。地球表面70%以上都是海洋，而且最大深度可达一万米以上。陆地上最高的珠穆朗玛峰也仅为8848米。想象一下飞机飞行的高度，可能就能感受到水的深度了。

　　就像《玩具总动员》中的胡迪攀着绳子爬入浴缸一

样，有条不紊地往下走，把攀绳的长度当作世界最深的海沟——深 10900 米的马里亚纳海沟① 吧！水下 300 米的地方就是潜水员们能企及的挑战人类极限之地了。事实上，到这里为止就是我们脑中存在的海洋画面了。可以看到出现在自然纪录片中的悠闲地游来游去的形形色色的鱼群，偶尔也能见到触礁的潜艇残骸。

超过水下 1000 米，海里便是一片漆黑的。因此为了聚集微光，很多深海生物们会长出特殊的眼睛。对我们而言，虽然习惯了黑暗，但对于深海中漆黑的未知却是充满恐惧的。一位站在时代前沿的法国小说家通过自己的作品用数学方法描述出了深海"如坍塌般的恐怖"。

一起听下吧。1 个大气压的压力和 10 米高水柱的水压相近。如果你掉进水中，你的身体每下沉 10 米，就会受到相当于 1 个大气压的压力。也就是说，每 1 平方厘米的体表会承受 1 公斤的压力。在 100 米水深的地方，这个水压是 10 个大气压，1000 米水深

---

① 位于太平洋北马里亚纳群岛东部，向南北方向延伸的海沟。众所周知，马里亚纳海沟像密林一样也吸收大量温室气体，因此被视为地球的另一个"肺"。

是 100 个大气压，1 万米水深是 1000 个大气压。换句话说，如果你能下潜到 1 万米深，你的身体每 1 平方厘米就会受到 1000 公斤的压力。"

儒勒·凡尔纳的科幻小说《海底两万里》，从主人公阿龙纳斯教授与尼德的对话中可以窥见人类对于深海的无限想象。在那个时代，很多孩子都梦想成为船长，开着"鹦鹉螺号"在深海中遨游。小说写于 1869 年，在当时，潜水艇还没有正式登场，但是儒勒·凡尔纳却通过作品中非常完美的描写，使小说对潜艇相关的科学技术发展产生了间接的影响。这样一来，创作者的想象力就影响了研究者，促进了科学技术的发展。反过来，科技的发展又使创作者获得灵感，创作出新的作品。此外，研究人员也津津有味地阅读该作品，并对其可行性进行实验。可以说，研究者和创作者在不经意间进行了合作。

现在才是真正的开始，仅用水压这类数据说明深海的科学然后就此草草结束是不行的。在海底 2000 米的深度，曾出现过地球历史上屈指可数的庞大食肉动物——喜欢吃大王鱿的抹香鲸①。据说从它们头部挖出的油叫鲸脑油，船员们说它看起来黏黏糊糊的，好像精液一样。这种鲸的长度比人的身高多出 10 倍以上，重量接近 50 吨。这么大的动物究竟怎么能在深海中挺立不倒呢？

　　如果把深海生物带到地面，压在它们上面的压力就会突然减弱，反而会使其身体爆炸，即所谓的"深海鱼炸弹说"。由于深海鱼的坚固程度足以承受巨大的压力，所以一般攻击都无法使其皮肤产生伤痕，这是典型的"深海鱼铠甲说"。在进一步深入之前，让我们先来解释一下这些故事是否有科学根据吧！

　　带着气球登山，越往山顶走气压就越低，所以气球的外压力变弱，气球里面的推力相对较强，气球就会越来越鼓。可见气体在压力作用下会发生急剧变化。而大多数鱼

---

① 英语叫作"Sperm Whale"，这种鲸鱼的呕吐物或粪便可生成一种叫作"龙涎香"的物质，用于高级香水的制作。

类内部器官中都包含这种不稳定气体,这种器官就是鱼鳔。

鱼鳔是使鱼能在水中上下游动的气囊。鱼类向下游动时鱼鳔释放空气,向上时充满空气。但如果处在深海之中,身体很容易变得扁平,因为水压太强,像空气之类的气体是无法承受的。

但如果气球里的物质不是气体而是液体或者固体的话,就另当别论了。攀登同样高度的山,装满水的气球不会改变大小。因而,深海鱼的鱼鳔内填满的是液体油而非气体。与水相比油的密度小,因而它可以更充分地发挥气囊的作用。抹香鲸也是利用鲸脑油作为气囊在其反复凝固、融化的过程中调节自身在深海中潜水的深度。一般情况下,抹香鲸可潜水达90分钟以上,在潜水过程中几乎不吸入空气,并且可以承受深海的水压。

深海生物也会在自己体内填满密不透风的体液,完全消除气体不经意间进入的可能,它们将稳定的液体吸收到体内,从而在深海中获得永久的安宁。当然这只在自然状态下才适用,即使是完美再现深海环境的水族馆,那里的深海生物也会产生应激反应,无法返回到海洋中。

有一个好奇心极强的少年，他比谁都喜欢深海。他生活在加拿大内陆的一个小村庄里，由于非常喜欢大海，在15岁时就决心成为潜水员。虽然距离最近的海域也要10多个小时的车程，但他一直央求父亲时常带他去海边。最终他在YMCA游泳馆内获得了潜水的资格。数十年后，他乘坐自己参与设计的一人容量潜水艇潜入到北太平洋马里亚纳海沟，创造了世界最深潜水记录。他就是拍摄了《阿凡达》《泰坦尼克号》等电影作品的知名导演詹姆斯·卡梅隆。

　　如果潜到水下4000米左右，就可以看到导演亲自拍摄的电影《泰坦尼克号》[①]中的第一个场景——遇难的"泰坦尼克号"的真实面貌。他开玩笑说，拍摄《泰坦尼克号》的真正理由就是为了免费潜水去看泰坦尼克号。作为参考，我们熟知的《海绵宝宝》中出现的海洋动物大都也生活在这里。

---

① 根据1912年泰坦尼克号沉没事故改编的电影，影片中出现了真实的人物和虚构的人物，利用纪录片的手法为美丽的爱情故事增加了一份沉重的情感。

再下潜到 6000 米，差不多就算走了一半多了，已经超过了海洋的平均深度。这个深度是以探测研究为目而开发的俄罗斯 MIR 探测潜艇所能到达的最深的地方。刚才提到的詹姆斯·卡梅隆导演为拍摄《泰坦尼克号》也曾租用过 MIR 探测潜艇。对于深海的探索，人类有时利用远程操纵探测器，有时是通过载人潜艇进行持续不断的探测。最终，在 20 世纪前一直被认为是死亡禁地的深海，成了地球上多样生物生存的"万物宝库"。在这里，成群的海胆和海参正吃着淤泥和沉淀物，海星、贝壳、甲壳类生物也满地都是。

这个深度，拥有发光器的生物会明显减少。有的深海生物通过自己身上的发光器相互探索并吸引食物，但在这样的深度下，海底完全被黑暗笼罩，发光装置起不到丝毫作用。反正看不见，一些生物就直接放弃了视觉，发展了超强的其他感觉器官。另外，这里的猎区非常宽广，但由于碰到猎物比登天还难，为了避免消耗不必要的能量，一些生物会把的自己的身体缩小，长期蜷伏在一个地方或悠闲地漂浮，甚至连谈恋爱都嫌麻烦，就那样过着雌雄同体的生活。

我曾经看过一篇关于印度 83 岁奇人的报道，他在 70

年里什么都不吃，什么都不喝。德国的一位科学家称，生存所需的能量并非来自食物而是通过光合作用摄取，所以他多年来都过得很好。这些出现在人类世界新闻报道里的故事，在深海里却司空见惯。深海里有一些完全不吃东西却活得很好的生物。

在深海处有一个叫"深海热泉"[①]的深海生物游乐场，它几乎是如同沙漠绿洲般的存在。在深海，不存在德国科学家提到的能够进行光合作用的太阳光。深海生物不能像陆地上的生命体那样从太阳中获得能量，只能在"深海热泉"处生存下来。有些细菌以深海热泉中喷出的硫黄为食，这些细菌的粪便，就是深海生物能吃到的碳水化合物。因此，在深海处，没有太阳的光合作用也能制造出碳水化合物。正所谓"东方不亮西方亮"，就像人类一样，没有牙齿，也可以靠牙床活着。

8000米以下继续连着海沟。这里没有什么特别的生物。虽然生活在这里本身就是一件不可思议的事情，但这些生物身子小外貌也很普通。这里的水压为8000吨/平方米，

---

① 深海热泉指海底深处的喷泉，原理和火山喷泉类似。

水温是冰点。在这种恶劣的条件下，它们游来游去各自也活得很好。由此可以看出一个真理，即在任何地方，最普通的东西都是强大的。但大多数的小家伙都很懒，要么捡东西吃，要么吃其他生物的尸体。

深海沟互不相连，每一个海沟里都有全新的物种生活着。在深海，移民并不容易，但令人惊讶的是，明明是完全不同种类的生物，却有着相似的外形。这是什么意思呢？就像把沙漠中骆驼的照片拍下来拿到火星上看，那里会有一模一样的外星生物。完全不可能相见的情况下，由于环境的原因，不同生物竟可能会具有相似的形态和特征。

据推算，目前地球上已知的生物有190万种。当然，这是除深海生物外的统计。如果把深海里那些万头攒动的小家伙们加在一起，记载在《生物大百科辞典》[①]中的物种数量可能会增加30倍以上。因此《生物大百科辞典》可能要从一开始就重写，这可不是一件容易的事。

当你觉得身子发沉时，就想在袅袅白烟升腾的温泉中泡澡，变成一只浑身无力的猫。如果将全身浸入温泉浴池，

① 伦敦自然历史博物馆、哈佛大学、美国海洋生物研究所等10家世界优秀研究机构合作制定的项目，包含哺乳类动物、昆虫、细菌、霉菌等至今发现的所有生物。

体重会因浮力减轻，对腿部和腰部的负担也会明显减轻。另外，血液循环也会很顺畅，通过水压对肚子或大腿等部位进行自然地按摩，身体就会感到困乏。让我们像深海热泉中偶尔跳出的生物一样，将身体浸入热水，也许在短暂的休息中，你会做一个心情舒畅的好梦，不再有深海恐惧症。

初见
黑洞

黑洞的科学

洗完澡后，如果将浴缸的排水口塞子拿开，就会听到怪声并看到排水口缓慢地将水吸走。进入那里会怎么样呢？虽然它不足以卷走用脚腕支撑身体的我们，排水口的吸力对我们而言力量非常微弱，但如果排水口有巨大的力量足以吸走我们，想一想就觉得可怕吧！（并不是平时不喜欢洗澡而产生这样的想法，希望大家不要误解。）我们过去所知道的大部分黑洞的情况与此相似。在《星际穿越》①之前的电影和漫画中出现的黑洞大部分都被描绘成黑色的窟窿。但是作为编剧的乔纳森·诺兰为了更现实地表现黑洞，在"加利福尼亚理工学院"②学习了4年，并

---

① 是 2014 年上映的科幻电影，由哥哥克里斯托弗·诺兰担任导演，弟弟乔纳森·诺兰在加利福尼亚理工大学的基普森博士的指导下完成了剧本。

② 与麻省理工学院齐名的美国最顶尖的名牌大学。常简称"加州理工（Caltech）"。

与哥哥克里斯托弗·诺兰导演一起在影片中呈现出了新形态的黑洞。

事实上，黑洞并不是宇宙中出现的窟窿，也和浴缸的排水口不一样。那为什么会吸走其他物质呢？大家都知道，就连以1秒能绕地球转七圈半的光也无法摆脱黑洞的吸引。这是因为形成黑洞的"坑（引力场）"很深，坡度陡，谁也无法逃出。那么，为什么宇宙中心会出现一个坑呢？如果你走到这里，你就有机会拓宽你的思维境界。其实黑洞不是单纯的洞，而与恒星衰老塌缩有关。

黑洞的原名是"黑暗的星星"[①]。这句话说得很对。已经死去的恒星，连光都没有，当然是黑暗的。由于这颗逝去恒星的独特性，不知从何时起，我们把恒星的尸体就叫作黑洞。

为了确切地理解黑洞，让我们暂且把简单易懂的地球先换作主人公吧。我们之所以能在地球上走路，踢足球，还可以坐在电影院看电影，这都是因为地球紧紧吸引着

---

① 过去在英国统称"黑暗的星星（Dark Star）"，在苏联统称"冰冻的星星（Frozen Star）"。

我们。地球并不是像胶带一样将我们的脚掌粘在地球表面上。地球只是被根植在宇宙的引力场所吸引，在无限地下落。正常情况下我们应该朝着那个引力坑掉落下去，但下落的过程中地球把自己肥胖的身体托举在上面，所以我们踩着地球，没有掉下去。可以说，地球支撑住了下落的我们。处于时空间的引力场也存在着"引力门"，越想从门里逃出去，引力就越强。事实上，所有有质量的物质都受引力场的影响。那为何我们感觉不到呢？因为把整个人类的质量全部加在一起，也无法与地球的质量相比。打个简单的比方，如果将我们的身体看作"地球"，整个人类的质量甚至比不上它吐出的唾液中的一个细菌。所以我们感受不到除地球外的引力。质量越大，引力场的倾斜度就越高，引力越强，越接近引力场，坠落的速度就越快。

再来做一个新的假设。如果地球的体积慢慢减小，结果会怎么样呢？若地球体积正在微许地减少，我们可能到它停止减少的那一刻为止，都在一直向下坠落。在体积停止减少的那一瞬间我们将经历多样巨变但仍会活下来。也就是说，如果我们不踩着地球，我们将继续坠落。

如果地球突然缩小到比花生还小会怎么样？你将以惊人的速度朝着地球中心急速下跌。何止是这些？地球表面存在的所有生命体和物质都会急剧坠落并最终聚集在一点。在引力场过于巨大的情况下，由于我们彼此间的距离近到如花生大小一般，最终我们会无可奈何地被吸到一点，这便是我们所知道的黑洞。

一般恒星有大小，有引力。引力不断地试图通过强大的引力场的力量将恒星们聚集到一点，如果星体逐渐被聚集压缩，组成恒星的物质就会开始激烈地交锋。想象一下早晚高峰时段的地铁。人们开始进入地铁的一节车厢，并不断向里面挤压直到某一界限，然后在某一时刻达到不再压缩的状态（再也无法压缩，任何人都无法再进入乘坐）。恒星也是一样的。不论受引力作用怎么压缩，只要压缩到一定程度，就会达到不能再压缩和支撑的时点①。因而，恒星会保持其大小，并许久闪烁，我们的太阳也是这样。

如果是质量非常大的巨型恒星呢？在达到无法压缩的极限后，无论那些物质如何喊叫它们快要死掉啦，引力还会拍打着它们的脑门让它们继续压缩。

作为参考，这一极限是印度科学家钱德拉塞卡乘船前往英国旅行时足足花费18天才发现的（"跪下吧，这就是你和我的差距"），根据他的名字被称为钱德拉塞卡极限。

---

① 指向恒星中心的引力和向外辐射压力达到静力平衡。

质量一旦超过一定限度，引力就会对内部物质的激烈争斗置若罔闻。在物质相互碰撞引发核聚变反应的情况下也是如此，仍然只是默默地将其压缩到一点。当然这需要很长时间，但最终这颗恒星会成为所有质量都聚集在一个点上的怪物，成为没有大小，只存在引力场（坑）的宇宙中的"捕食者"，虎视眈眈地捕猎着从身边经过的一切物质。

现在，我们已做好了一切准备来向黑洞表示尊敬。对于黑洞究竟是如何诞生的，以及它为什么能吞噬所有物质，你可以大吹大摆地来回答。对于"黑洞是什么"的提问，我们就可以轻松地回答说："死去的恒星。"

但是天文学家们发现"平凡恒星"的黑洞不同于我们现在描述的"黑洞"。在讲这个故事之前，我有个问题要先问一下。你现在是单身还是有对象？如果你出生在宇宙而不是地球，是宇宙中普通的一颗恒星，那么就不用擦眼泪了。因为大多数的恒星都不是单独存在的，而是成对存在的。也就是说，恒星的世界是情侣的天地。甚至像狗血剧一样，三角关系、四角关系也很常见。研究黑洞的科学家们找到了多种黑洞的"候选人"，其中情侣黑洞（双黑洞）

很多，而且这些情侣黑洞与普通黑洞的生成过程稍有不同。也就是说，黑洞之间也存在差异。

再次回到黑洞生成的话题。现在有两颗巨大的恒星，把它们想象成两个巨大的西瓜并排摆放在一起就可以了。两颗恒星中有一颗会成为黑洞，另一颗会以最大限度膨胀，如同鼓起的青蛙一样越来越大。首先，先站在逐渐膨胀的家伙的视角来仔细分析下状况，就像挤满人的车站站台一样，现在引力已经到了无法再支撑下去的情况。继续膨胀变大时，发现旁边的家伙正在准备慢慢吞噬自己。哎呀！即便迅猛地打起精神，但身体已经被旁边的那个家伙吸进去了。

就像按下吸尘器的自动开关按钮一样，组成巨大恒星的物质们在黑洞周围滴溜溜地旋转最后被吸了进去[①]。这些物质们在周围努力旋转好像等着排队进入似的，像圆盘一般将黑洞边缘包裹起来，为了进去而相互争斗，结果自身之间不断发生碰撞，这时便会由于摩擦热释放出强大的能量[②]。

---

① 称为"吸积盘"，是大量物质以黑洞为中心旋转并被吞噬的形态。
② 巨大的引力能源将我们拍 × 光时使用的 × 射线释放出来，周围的星体将被焦土化。

感觉就像被拉进黑洞前，物质发出的垂死挣扎一样。虽然从被吸入的小家伙的立场上看，这是一件令人遗憾的事情，但我们从地球上却可以看到这一能源的释放，并由此确信黑洞的存在。当然，太空中的黑洞并不是像《星际穿越》中描述的那样，是用肉眼就可以看到的明亮的带子。但是影片通过旋转黑洞释放出的能量和引力透视效应将黑洞包裹在圆圈中，展现了视觉上的光环。

对于黑洞的大部分好奇心，只有进入其中才能得到满足。对于世界上任何一扇未知的门，要想知道里面有什么，听取曾进入过门内的人的叙述最清楚，但黑洞这个家伙不会让任何进去的人悠闲地离开。从太空中向我们传递信息最多的是"光"。光以各种各样的形态存在，给我们发送宇宙各处的"秘密谈话"，但关于黑洞的故事我们却是束手无策。如果你想从一个黑洞中逃出来，必须通过非常复杂的方法①。进来的时候的虽然可以随心所欲，但从这个地方出去却是不可能完成的任务。

---

① 天才科学家史蒂芬·霍金主张的量子引力理论之一，在被黑洞吞噬前利用霍金辐射，通过量子涨落，花费一定时间可以逃脱。

虽然有点害怕,但还是慢慢到黑洞附近去看看吧。越是靠近,就越会产生一种不对劲的感觉,我感觉到引力似乎在急剧变强,不是单纯地在拉我靠近。由于距离不同产生的引力变化也非常大,因此,先出发的右脚和跟在后面的左脚受到的力量产生了很大不同。右脚已经被黑洞拖走了很远的距离,但左脚尚未踏入黑洞内。处在这中间的我身体将会被折断。

但是,如果是非常巨大的黑洞,从进入黑洞到身体完全被折断为止,需要相当长的时间,如果准备好足够的吃喝,直到老去,身体也不会分解,能一直支撑到死。根据爱因斯坦的相对论,在引力较强的黑洞附近,时间会缓慢地流动。所以,如果站在黑洞外的朋友们看我,我应该是一副吃得香过得好很悠闲的样子。但前提是他们可以从外部进行观测。

最后,我想给大家讲一个愿意进入黑洞的人的故事。对于"如果进入黑洞会怎么样"的疑问,在欧洲核子研究组织工作的一位女科学家 [1] 做出了这样的回答。

---

① 在奥斯陆大学攻读物理学专业的莉莲·史密斯塔特。出生于挪威。

我真想去黑洞里面看看。引力越强，时间越慢。在引力极度强烈的黑洞里，时间几乎会停止，相对来说，除了我以外的所有时间都会以很快的速度流逝。所以我可以观察到时间的流逝，并最终看到宇宙的终结。

她说："作为一名研究人员，相比于身体状况，好奇心更重要。"果然是天生的科学家啊。

如果
与过去的你相遇

时间旅行的科学

中年后才陷入爱情的人们可能会这样想象：年轻时的对方到底是什么样的？我认为这是比从肉体关系衍生出的好奇心层次更高的想法，因为这是我们对逝去时间的谈论。你也可能会在还没有遇到对方的时候这样想象：我的恋人究竟长什么样子，会为什么而苦恼，每天又过着怎样的日子？而后自然而然地想到：我们在未来相遇时彼此会是什么样子？

其实，通向未来的时间旅行很简单。目前市面上已经出现了能自动运行的时间旅行游戏。但事实上，这样的方法其实不足以列入旅行的范畴。因为，时间旅行本可以让我们彻底感受到驾驭时间的魅力，但游戏里并未达到这样的效果。例如，你乘时光机器抵达十年后的未来，你的年纪应该和当前一致。但如果你通过这种游戏去到未来，你只会看到自己随着时间的流逝逐渐变老的样子，也就是生物学上那个上了年纪的你。

现在，让我们开始迈向未来的时间之旅吧。要谈论这个话题，爱因斯坦的相对论自然是必不可少的。爱因斯坦曾经提出了两种看似不错的时间旅行法。当然，人们在电影和漫画中看到的，期待以用户为中心的旅行是不可取的。从1895年由赫伯特·乔治·威尔斯①（Herbert George Wells）首次提出时光机器的概念到现在为止，人类社会已经走过了120多年的时间，但我们却依然还梦想着能砰的一声瞬间消失，又砰的一声回到我们想回到的过去。实际上，就现代物理学的认知而言，使你在被消亡后又复活是绝不可能的。只能通过减缓你正在度过的时间的速度，来让世界其他事物比你走得更快。如果想尝试，参考一下下面的方法吧。

1. 如果以接近光速的速度快速移动，根据狭义相对论，移动的人的时间就会变慢。

2. 根据相对论，走进像黑洞一样引力很强的物体附近，时间会变得缓慢。

_____

① 英国科幻小说家和社会学家，与法国的儒勒·凡尔纳一起被称为科幻小说领域最伟大的先驱者。

像这样利用拖延时间的两种方法，就可以奔向未来。如果你移动得很快或者可以从黑洞附近过去又回来，那么你的时间就会变慢。如果你在宇宙飞船上读漫画书读上一年，并健康返回地球的话，那么你的朋友们将比你年长十岁以上。因为你度过的时间是一年，但是你生活在地球上的朋友们的时间却已经过去了十年。当然，以接近光速的速度移动并非易事，安全往返于黑洞附近其实更加困难。但从目前来看，这是你保持年轻、辉煌走向未来的唯一方法。

当然，回到过去比走向未来更有趣。不管怎么走向未来，在那个时候我们都只会被当作傻乎乎的猴子。如果到了别有天地，科学技术极度发达的时代，你仅仅会在一段时间内感到非常神奇，但周遭的一切都和你毫无关系。如果你想要改变什么并得到什么，回到过去才是最好的选择。

但遗憾的是，这个愿望恐怕很难成为现实。简单地设想一下。当一个物体接近光速移动时，时间会越来越慢。

这样看来，当奔跑的速度达到光速时，时间就会停止[①]。如果这时候的速度比光再快些的话，时间会不会倒流？这个想法过于单纯了。人跑得再快也快不过光。不，应该说是没有比光运动得更快的物质了[②]。同光相比，可能宇宙时空的膨胀和旋转速度会比较快[③]，但它们并不是物质。即使存在比光更快的可能，但在这种情况下，时间并不是在流逝的，而是变成了没有意义的数值[④]也就是说，和走向未来的时间之旅不同，能不能回到过去并不是取决于你的速度。

"地球每天自转一圈，如果地球的自转速度变慢，一天就会变长，时间就会变慢，那么让地球反过来旋转是否可以回到过去？"DC漫画中的超级英雄也曾有过这样的想法。

在1978年上映的电影《超人》中，超人为了救活因事故死去的女友，将地球反过来自转，试图进行时间旅行。

---

① 根据狭义相对论的时间延迟公式，如果速度与光的速度相同，则时间停止。

② 还没有被发现的假想粒子"超光速粒子"除外。

③ 在旋转黑洞内部，时空有时比光转得快。

④ 时间延迟公式中时间如果是负数的话就反方向流动，如果成了虚数，会发生不详之事。

遗憾的是，即使用反方向旋转地球的方式他仍不能回到过去，即便以接近于光的速度，在地球周围飞行，超人本人的时间根据狭义相对论也只是在渐渐减慢流逝而已。失去爱人是一件令人遗憾的事情，所以在影片中他倒转了时间，并救回了女友，但却让观众误解了真正的科学。

看到这里似乎你已经对回到过去的时光旅行失去了信心，但现在放弃还为时过早，因为，到目前为止有关回到过去的理论仍层出不穷。即使不能拥有过去的一切，窥视过去也不是难事。因为，对研究宇宙的天文学家来说，这是件非常正常的事。

简单地设想一下。假如有一颗外形像屁股一样的行星与地球相隔 1 光年，地球上的光到达这个行星需要 1 年的时间。也就是说，如果你现在向着屁股行星跳扭屁股舞，那么在这颗行星上的外星人 1 年后才能通过望远镜看到扭动的你。换句话说，距离地球 1 亿光年以上的行星上的外星人若运用性能优越的望远镜观望地球的"现在"，可能他们会看到地球上的白垩纪恐龙正在嬉戏的样子，认为地球上的统治者是悠闲且庞大的白垩纪恐龙，而且他们至少在 1 亿年的时间里都会这么相信。

我们看到的宇宙总是它过去的样子，看得越远越是它更长久的过去。就连你家窗户边的光也不是刚出现的光，而是大约8分钟前的阳光。虽然不能倒转时间，但如果跑得比光速更快，就可以在过去的光到达之前站稳脚跟，与来自过去的光相遇，看到过去。通过这种方法，当你因失误而丢了钱包时，虽然不能回到过去寻找钱包，但是可以看到钱包丢失的瞬间你的样子，并且可以仔细确认钱包之后的命运。

现在让我们正式回到过去。我们只能利用时空扭曲的方法。简单来说，黑洞其实是最简便的可利用的方式。当然这也就意味着其他方法都是无稽之谈。

黑洞被分类为多种形态。抛开那些复杂的名字，为了时间旅行只要记住两种黑洞即可。寻常的黑洞不会旋转，但双黑洞（上面提到的情侣黑洞）可以旋转。非旋转黑洞也有"史瓦西黑洞"之名①。"情侣黑洞"被称为"旋转黑洞"，也叫作"克尔黑洞"②。就像我们站在悬崖的边缘，

① 德国天文学家卡尔·史瓦西首次发现。
② 这是1963年新西兰科学家克尔首次发现的。

稍不留神往外再走一步就会开始坠落一样，在黑洞边缘我们踩上去的一瞬间，也同样有警戒线，被称为"事件视界"。非旋转的黑洞有一个视界，旋转的黑洞有两个视界。跨过非旋转黑洞视界的瞬间一切就结束了。即使是闹着玩，如果你不小心越过了界限，之后的遭遇如何，就交给你自己想象啦！

先从拥有两个视界的旋转黑洞开始讲起吧。从理论上讲，它分为外视界和内视界，由于事件视界有两个，若把它们看作两扇门，即使打开第一扇门（外视界）进去，也不会被疯狂快速地吸进黑洞。可能进入第二扇门（内视界），才会出现与非旋转黑洞一样的结果，但在此之前，我们先来聊一聊两个门缝间发生的趣事。

像《哈利·波特与密室》中的情节一样，门缝空间是未知的世界。虽然拿门来打比方，但门缝间的距离不能理解为卧室和书房之间的走廊的距离。其实它更接近夹杂在蛋壳和蛋黄之间的蛋清的距离。我们都知道，黑洞立体空间本身正以超过光速的速度飞速运转，好像游乐场的旋转舞台。你若能比光线更快地进入到它转动的空间内便能加速。即使你不能比光跑得快，即使不是比光速度还快的物质，但是因为带你旋转的时空盘它本身比光快，所以你也能比光跑得快。

假设站在旋转黑洞外视界的时间为地球时间的下午3点，如果打开进入外视界的门，速度达到1秒环绕地球速度比光还快一圈的话，就可以到达"上午10时"的过去的空间。而且，如果你只进入外视界而不进入内视界的话，是存在不被黑洞吸入和逃逸的可能性的。

当然，我认为从理论上看，虽然说得通，但并不一定就能成功。主张不能进行时间旅行的人认为最有力的证据是，时至今日，我们都还没有见过来自未来的人。如果在遥远的未来有一位天才科学家开发了时光机器，并实现了回到过去的旅行，那我们肯定可以在历史上找到他的痕迹。当然，要说他隐藏得非常严密或是抹掉了所有人的记忆，这种假设也存在，但在常理上也很难说得过去吧。另外，如果科学家真的实现了重返过去的旅行，那么来自未来的肯定不止他一人。就好比莱特兄弟首次飞上天空以后，每年都有1亿多名游客将飞机作为交通工具使用一样，如果真的存在时间机器，不可能没有人将它商业化，那么在这样的情况下，来自未来的游客中肯定会有人会不小心留下线索。

但这只是在假设"宇宙只有一个"的情况下做出的论述。而且，单一宇宙有可能会陷入时间悖论这一可怕的困境。

　　比如你刚才煮了方便面吃，吃完后觉得太好吃了，还想吃，但又不愿意去买。于是乘着时间机器，回到你把刚煮好的面放在桌上去洗手的时间点，偷偷再次吃掉方便面，然后回到现在。过去的你吃面的那个时间点，方便面已经没有了。因此，虽然你吃了两次拉面，但实际上你只吃了一次。那么，如果现在的你接受胃镜检查，肚子里的方便面是1份还是2份？在单一的宇宙中对此没有确切的答案。因为改变过去的瞬间也会对你的现在产生影响。

　　科学家们用"多元宇宙"的理论解决了这个问题。也就是说，宇宙并非只有一个。即，即便回到过去，你到达的宇宙看起来和出发的宇宙相似，但实际却是另外一个宇宙。也就是说，你所抵达的过去并不能改变现在，而是"作为未来人的你回到过去的现象"或者说你到达了另一个未来。不管你做了什么改变，都不会影响到你出发的"现在"，而"现在"只是失去了你一个人，但时间依然流逝着。即使到达过去，遇到父母或朋友，他们也已经不是你所认识的宇宙中的他们了。这个世界上有无限的宇宙，无限的你，在无限的世界里和无限的人建立着关系。

在这里进行的时间旅行并不是返回你的过去，而是走向另一个宇宙的时空。这样的话就可以彻底地从时间旅行者的角度进行思考，解决时间悖论，那么你吃的方便面当然就是2份了。但是原来世界的方便面是和你一起消失的，后来到达的世界的方便面也是你吃进肚子里的。这两个宇宙的方便面都是被你消耗的。

还有观点认为，目前还没有来自未来的游客，这并不意味着时间旅行是不可能的。美国的一位科学家[1]提出假说："时间机器起到一种复点作用，从最初机器开始运行的那个时点，就是可以返回过去的起点。"换句话说，在时间机器启动之前的过去是在时间机器上没有的时代，只有在时间机器启动以后，才是可以自由往返的时代。如此看来，至今还看不到来自未来的游客也是有道理的。因为从未来来看，我们现在这个时代是无法回到的时代。

有趣的是，利用黑洞"回到过去"的说法也有相似的概念。从出现黑洞开始，黑洞就是可以返回过去的，只是

---

[1] 指美国理论物理学家，为时间旅行研究贡献一生的罗纳德·马莱特。

首次出现的黑洞，不能返回到时空间发生变化之前。也就是说，如果现在时间是下午1时，通过早晨7点制造的黑洞回到过去的话，可以前往早晨9点，但无法前往凌晨5点。因为在黑洞的立场上，根本不存在早晨7点之前的时空的概念。

现在结束脑海中漫长的宇宙旅行，回到那位曾因为爱情与你走到一起，为你生儿育女，操心劳累的爱人身边偷偷窃喜吧。幸亏我们不会时光旅行，要不然我们肯定会因为回到过去或去往未来而招致更多的争吵。

　　　　谢谢你，给我展示了我过去未曾遇见，却又盼望已久的你的过去。

其实，看着和你相像的孩子可以见到你的过去，在见证孩子成长的过程中，也可以回忆起我们逝去的时光。也许这才是真正的时间之旅。希望大家能与家人一起奔向幸福的未来。

那里面
有罪犯

死亡的科学

问题：下列漫画角色中身边死亡人数最多的是？

1.《死亡笔记》中的夜神月

2.《宠物小精灵》中火箭队的武藏和小次郎

3.《名侦探柯南》中的柯南

4.《少年侦探金田一》中的金田一

确切地说，若对"基拉"的真实身份睁一只眼闭一只眼的话，夜神月就应该不会把你的名字写在死亡笔记本上。武藏和小次郎是善良市民的代名词，因此也没有理由害怕。答案是名侦探柯南！为什么呢？在730天时间里，金田一身边有100人被杀害，但在柯南周围，6个月就有860人被杀害。如果你去某处游玩，遇到一个长得和柯南差不多的孩子，就赶快设法从那里脱身吧！

由于死亡是一个沉重的主题，所以我们用玩笑来开始这个话题。你是否认真考虑过死亡？虽然所有的生命体最终都是要奔向死亡的，但任何人都不愿提及它。像恒牙一样，明知自己与乳牙有着同样的结局，却仍积极地团结在一起，拼命挣扎，想活得更久。这就好比人类的生活，当然对我亦是如此。

死亡会告诉我们很多。人气颇高的法医学电视剧《迹象》[1]中出现了这样的台词：

　　　　活人说假话，死者说真话。

这句话说得非常漂亮。现实中，法医师们通过各种技术手段，去发掘尸体里隐藏的真相，找出科学的因果关系。

当然，从死者身上获得真相并非易事。如果发生一个微小的医疗失误，那么患者还有可能自然恢复。但尸体若因为一次操作失误而导致证据消失，就真的无法再复原了。甚微的差异会使无辜的人被误判为罪犯。而且，检查尸体

---

[1]《迹象》(Sign)为韩国 SBS 电视台自 2011 年 1 月起播出的水木剧(即在星期三、星期四播出的电视剧)，由朴信阳、金雅中、田光烈主演。以韩国国立科学搜查研究所为舞台，真实呈现犯罪调查过程和法医们的调查细节，根据尸体上留下来的蛛丝马迹破解各种疑案。

本身，也要承受巨大的压力，很多时候还要忍受一些特殊的味道。如果是传染病患者的尸体，当然还要冒着被感染的风险。这都绝非易事。

人们常常将法医学者和犯罪心理分析师混淆。时间交叉式的犯罪调查电视剧《信号》[①]中的警卫朴海英就是犯罪心理分析师。他与刑警李材韩将案发现场发生的事情结合起来，以独创性的方式进行推论，为达到共同的目标而努力。犯罪心理分析师能够对犯罪行为和犯罪分子的心理进行研究和周密地分析，以缩小犯罪嫌疑人的范围。在此过程中，法医学者们能将死亡相关的信息具体化，提出反驳嫌疑人陈述的合理根据。他们缜密的思考能力就是揭开死亡真相的关键。

现在离开事发现场，再次回到实验室。究竟什么是科学上定义的死亡呢？百科词典中写道："生物的生命活动停止，不会再次回到原状态的终结。"那么，即使情况再恶化，只要能够恢复到原来的状态，就不算是死亡吗？也许是吧。毕竟随着科学的发展，生物学上对死亡的定义也

[①] 《信号》（*Signal*）是韩国 2016 年 1 月 22 日起播出的十周年特别企划金土剧（即在星期五、星期六播出的电视剧），该剧主要讲述现在的刑警朴海英和过去的刑警李材韩通过老式对讲机，穿越时空进行连接，并在过程中破获了一些长期未结案件的故事。

在不断改变着。

在 50 年前，当大脑出现问题时，心脏便停止跳动，心脏停止跳动的人永远不会再回到原来的状态，因此可以非常简单地做出死亡判定。但是呼吸机发明以后，脑死亡状态可以无限维持，从而产生了患者重新复活的可能。也就是说，科学技术推迟了确定死亡的时间。尸体没有体温，不能运动，也不可能怀孕，但脑死亡者有体温，而且有行动和怀孕的可能，因此，将脑死亡定义为"死亡"的做法至今仍有很多争议。

1983 年，一名比利时男性因交通事故被判定为脑死亡。他的母亲每天都和他说话，开始时他毫无反应。时隔 23 年后，科学家们发现他终于有了意识，现在他已经可以通过键盘和触摸屏与人沟通。如今，随着科学技术的发展，诊断技术也有可能随之变化。过去有些情况下医生无法详细查明病人损伤的情况，但现在的检查能使病情更加明确。看来只有把死亡的标准更复杂化，我们才能更准确地权衡对生命的绝望和希望，不是吗？

而植物人与脑死亡患者不同。虽然植物人没有意识，但没有呼吸机也可以自行呼吸。在脑死亡状态下，大脑不能发挥维持生命所必需的作用，但植物人由于只损伤了大脑的一部分，所以仍然可以维持一定的生命体征。虽然恢复正常的概率很低，但恢复意识还是有可能的，这比脑死亡要好一些。

在不久的将来，随着治疗大脑损伤技术的发展，我们是不能只因脑受损就称其死亡的。如果真的是这样，那死亡的定义可能会严格到需要组成我们身体的所有细胞的功能全部停止。

就像电影《侏罗纪公园》中科学家用保存在琥珀中的蚊子鲜血复活了几千万年前的恐龙兄弟们一样，如果在遥远的未来有一位了不起的人，利用遗传因子将我们复活，那么我们就会回到原始状态。从字典的意义上来说，我们在这段时间里并没有死亡。当然，琥珀这种矿物质并不是能够长期保存遗传基因的好容器，因此必须重新考虑其他的方法。

死亡究竟是好事还是坏事？反正至今我还没听说有人喜欢死亡的。如果对人们进行采访，大多数人会说"死亡是不好的"吧。理由是什么呢？

我们在死亡面前会流泪的原因，很可能与所爱的人有关。因为父母之死、恋人之死、朋友之死这种我们永远不希望发生的事情发生了，所以我们留下了悲伤的眼泪。那么，我们悲伤的是因为我们所爱的人身上的细胞功能都停止了，还是因为从此和心爱的人再也无法见面了呢？虽然听起来二者很相似，其实不然。因为前者是关于所爱的人自身，而后者是关于自我的心理。

举个例子吧。你爱的人乘坐"火星勘察银河铁道999"的单程列车出发了。从此你再也见不到这个可爱的恋人了。虽然可以与火星通信，但大约需花费15分钟的时间。虽然能找到联系的方法，但由于各种环境问题，无法像漫游一样简单地接通电话。这样看来，其实就是生离死别。再举个例子。你的恋人仍乘坐单程火星探测器离开，刚刚出发。过了一会儿，新闻里传来那艘火星探测器发射后爆炸的消息。什么？你甚至会怀疑你的耳朵，没错，你的爱人乘坐的探测器在空中爆炸，你的恋人也因此次事故而消亡了。那么对你来说，知道她还活着和确定她已死去，这两种情况哪个更令你悲伤呢？

其实两者都很悲伤。对你来说，两种情况都意味着恋人的离去。你都会因为不能再与她见面而悲伤。因此，很多人都希望通过笃信宗教信仰期待某一天终能再次相见，或者她能重获新生再次过上以前周而复始的生活。抑或是梦想着从深度的哲学中，得到心灵的慰藉。如果都不行的话，那就无所畏惧地喝酒吧，在酒杯中顿悟人生与死亡。尽管，这不是恰当的做法。

有趣的是，科学家们也在寻找克服死亡的科学方法。物理学家们另辟蹊径，试图研究衍生时空的粒子，以便从中创造没有"时间"概念的世界以达到永生。化学家们从很久以前开始就一直致力于创造出永恒不变的物质。生物学家们正在不断寻找阻止细胞老化方法，最近他们正在研究长寿之星——裸鼹鼠。天文学家们借助多元宇宙理论，安慰称死亡只是多种可能性中的一种。最有趣的是计算机工程师，他们声称他们已经找到了永生的方法。

你认为人什么时候会死？患有绝症的时候？心脏被子弹穿透的时候？

不，是被人们遗忘的时候。

听到这段《海贼王》中的名台词，高喊一声"乔巴"就会想流泪。这句台词说得很漂亮，但是现在，死亡可能不再与遗忘有关，而是代表着被删除数据。计算机工程师们说，不久的将来，我们可以将大脑中的所有信息数字化并上传到电脑上。这是在电影《超验骇客》及阿瑟·克拉克的小说中多次提及的内容。而且，网络的普及开拓了自由空间，可以让我们体验没有机会尝试的各种经历。

但这也很难说成是克服了死亡。生物学上的我已经死了，却可能还有思考方式、选择、行为与我类似的程序留下来。当然，我的家人和朋友一定会用我的替代品来治愈心中的伤痛，只要技术上可行，这也不能一味地被认为是坏事。试想如果父母去世后，不用在追悼会或坟墓前去看褪色的照片，而是可以通过上传到电脑上的有关他们的程序，继续听他们生前的声音，听他们分享人生经验和建议，那也是一件幸福的事吧？

对死亡的进一步探讨只能使我们离科学越来越远。这本书不是哲学书，而是科普书。科学的作用是不断提出好的问题，但既然我们不是《塔那托诺》[①] 的探险家，今后也许永远不会对死亡做出回答，因为很难再找到合适的问题。

---

① 以死亡为题材，由法国作家柏纳·韦柏创作的一部非常特别的小说，通过临死体验，进行探险。

不过有一点是确定的，不管科学如何发展，我们能够永生的方法最终还是只有一个。无论用什么方法，都不可能使每个人永生。在这里，我们可以把焦点放宽，永生的答案就在基因中。我们可以在不断留存的基因中生存，通过它世代相传，使人类得到永生，人会死，但人类是永存的。这样就足够了。

2

益于
人生实战的故事

看见远处
骑单车的那个她（他）

恋爱的科学

每个人曾经都对异性心动过。人是非常聪明的动物，只要本能的心动在一定程度上得到缓解，冷静下来后就会想到之后的事情。这个人真的很不错吗？如果我去告白，他会接受吗？他会喜欢我吗？或者说他能和我结婚吗？他是一个值得结婚的人吗？以后会不会出现更好的人呢？当你面对冒出的各种问题，正苦恼着没有答案时，你的理想异性很可能已经毫不犹豫地爱上了其他人。

　　无论是谁都会有一些因为恋爱而感到疲惫的时刻。如果这些问题你都没有想过，那么，你可能是一个可悲的灵魂，因为对方连伤心难受的机会都没有给你。但也可能你是一个拥有积极思考方式的人。电影《星际穿越》中说过只有引力与爱情的力量可以穿越时空，就像提起引力会使人联想到高深的相对论一样，释义恋爱也并非易事。然而科学却是解决爱情这一难题的最佳方法之一。

科学这位朋友总管得很宽。当然不是说它全知全能或万能的意思。它只是提出了些比较不错的问题,并且最大可能地给出了近乎正确的答案而已。让我们罗列一些关于恋爱的可以入围"好问题"候选名单的问题吧。

1. 我的理想型在哪里呢?

2. 我恋爱的对象究竟有多不错呢?

3. 我什么时候能和生命中的他相遇呢?

从第一个问题开始逐步解决吧。如何用科学的方式找到你的理想型?由于个人取向太过多样化,这并非一项简单的挑战。但是科学家们的挑战总是在残酷的条件下开始的。他们有时通过浮云来预测天气,有时又利用看似没有任何关联的几对因果关系,来预测股票或支持率的变化。由此可见,似乎只要努力就能找到理想型。但请不要产生误解,因为现在谈论的不是相亲牵线的问题,纯粹是关于概率的问题。

英国有一位叫彼得的单身汉 [①]。身边的朋友们都知道

---

① 指英国华威大学经济学家彼得·巴克斯。

他为何找不到女友，但他自己总摸不着头脑。"我的理想女性到底有多少人生活在英国呢？"他苦思冥想，并试图去计算推导。最终，他找到了一个假设，那就是"没遇见的女友就如同尚未被发现的外星人"。因而他使用了德雷克方程[①]，即预测宇宙中能与我们进行通信的外星人数量的方程式。通过这一公式，他计算了在英国可以与自己谈恋爱的女性人数。俗称"约会方程"。

我所生活的地区人口数→其中异性（女人或男人）的比率→路过见面的概率→年纪相仿的概率→相似教育环境的概率→互相吸引的概率→双方能平安相遇的概率

看起来还不错？这些内容甚至还在论文中被发表过。为了使论证更具有可信度，让我们一起来计算一下吧。我们站在生活在首尔的一名适婚男性的角度来考虑这个问题。假设首尔的人口是1000万，其中50%为女性。根据男性的上下班方式及路线，与异性路过见面的概率会有所不同，如果以1%来计算，对象将减少到5万人。由于必

---

① 20世纪60年代弗兰克·德雷克博士发明的方程。

须碰到适婚年龄的女性，1岁到100岁的人群中约15%的人年龄相符。处于相似教育环境的概率为1%左右，而相互吸引的概率为5%。如果将双方顺利见面的概率计算为10%，则最多只有0.375个人可以和这个男人谈恋爱，连一个人都不够。

现在明白了吧，理想型真的只不过是理想型而已呀。当然我们也可以突破粗略计算的概率难关，遇到梦中情人。但就像迄今世人还没有发现外星人一样，我们和梦中情人也不会轻易相遇。如果你明白了这点，那么现在就让我们继续讨论下一个问题吧。

第二个问题，想要知道我恋爱的对象究竟有多不错？从某种角度看可能会得到非常客观的答案，但事实并非如此。简单地说，这个问题是要找出交往中对方的综合评价分数。虽然婚介公司大都以真实的个人信息[①]为基础进行综合评价，但其中也有很多被曲解的部分，因此不能得到较客观的答案。在这种情况下，为了解决该问题，很多人

————————————————

① 指年龄，外貌，身高，财产，收入，职业，学历，家庭环境，人际关系，宗教，等等。

都在积极利用留言板或匿名公告栏，通过发布"我的男朋友怎么样？""我可以跟这个女人结婚吗？"等问题，试图借助集体智慧来保证主观评价的客观性。

提出第二个问题并不是想对它进行科学的计分。严格地说，这是解决第三个问题的必要过程。要想知道我人生中最完美的人何时才能遇见，首先需要对"最完美"进行定义。在这里，"最完美"应该是综合评分最高分的人。就像刚才说的，这个分数并不客观。但我们还是从个人观点出发，综合对方的多种要素给出适当的分数，与客观和解吧！

俗话说："旧的不去，新的不来。"这句话虽然有很多种解释，但在这里可指与综合评价分数为 0 分的人分手后，遇到了 100 分的人。这句话一直只是传闻，在这里我想用更科学的方式来解释一下。

虽然个人倾向和遇到的机会有所不同，但是一般从经验上就能知道一个人一生中大概会与几位异性交往。例如，对于恋爱时间较长的人，最少也会和某人交往 2 年以上吧。如果把 20 岁到 30 岁后半段看作恋爱时期，那么这个人在一生中可能谈 10 次恋爱[①]。很好。现在只要对 10 次恋爱中

① 如果交往时间短，可能会有更多的恋爱次数。

获得最高分的对象定下心就可以了。问题确实已经解决了。

那么何时才能结束我的恋爱去结婚呢？这里要考虑几种假设。首先，一旦决定分手，即便是出于玩笑，一切也将无可挽回，也就是说，和第一个人分手后与第二个人交往时，即使觉得还是前恋人不错，也无法回到过去。虽然也会有悔不当初而和前恋人复合的情况，但姑且不提这种特例。其次，一旦你决定和第5个人结婚，那以后就不会找第6到第10个人了。这样的话，所有未来的可能性都被取消了，虽然这是理所当然的事情，但你就永远无法知道没有遇见的人的综合分数。

假定结束。现在只需要确认什么时候停止寻觅是效果最好的就可以了。这里运用的理论就是"最优停止理论"。这个理论主要应用在统计学及决策理论领域，在聘用秘书或新职员时被广泛应用。最优停止理论，即在什么时候停止才能达到最好的效果的理论。利用这个理论，我们可以用优雅的数学方法寻找人生中最优秀的人结婚。

每个人未来可能交往或一生总共交往的异性数量都不一样。但如果今后不断增加异性交往的数量，我们就很容易求到最佳值。这个数值就是 1/e[①]。意思是说，将来要交往的人需要占交往总数的 36.8% 以上，才能达到最优。不必想得很复杂。举个例子，假定一生与 10 个人恋爱，至少对前 3 人绝对不应有结婚的想法（有些可惜）。而且，还要以"第三方观察者"的视角，冷静地比较各自的综合分数，记住获得的最高分。此后，只要出现分数比他高的人，即使是 1 分，也要果断下定决心。因为他最有可能是 10 个人中综合分数最高的人。

当然这个理论存在两个盲点。第一种情况是最高分的人可能出现在前面三次恋爱中。在这种情况下，直到 10 次恋爱都结束为止，你都无法做出选择。因为再怎么等也不会出现比初期得分更高的异性。最终你只能回忆着最初的三次恋爱，度过一个孤单的晚年。第二种情况恰好相反，如果刚开始交往的异性分数都很低，综合分数不会有太大差异，根据"最优停止理论"，那么最终你会选择第四个交往对象。当然，根据个人情况，你也可能感到幸福，但如果考虑到后面可能会出现综合分数更高的理想型，也不能说就是获得了最佳结果。

---

① e=2.71828…。虽然想把数学推导过程写进附录，但是好像谁也不会看，所以省略了一下。

到此为止，我们谈论的是恋爱和结婚的主导权完全在你手上的情况。对方是否喜欢你，是否愿意接纳你还是未知数。向科学家学习恋爱就是这样危险。

附言：理想型最终还是"理想"型。再好的西装也不能穿着睡觉。如果用比喻的方式来形容的话，结婚并不是挑选宴会服装或舞台服装，而是挑选合身的日常服装的过程，因此与像西装或礼服一样的异性相比，像睡衣一样的人更适合共度余生。也就是说，不要过于在乎综合分数。

你从未
做过选择

自由意志的科学

有时候不知道去电影院究竟是为了看电影还是去吃爆米花。爆米花是那样的香甜可口，如果配合着电影全神贯注地吃下去，就会发现白色、松软的爆米花很快会像被吸进另一个世界一样消失得无影无踪。回过神才发现，自己的手指早已挠到盒子的底端，皮带也因吃得太多不能解开了。电影结束后，你才边走边想起刚才暴风吸入的情节。今天又没控制住自己，远处的垃圾桶里堆满了被扔掉的爆米花盒子。

　　你会认为在电影院买了一只超大桶的爆米花纯粹是你自己的决定。你认为自己有选择权，有意识地买了足够吃的爆米花，但事实并不是如此。这到底是什么意思，我究竟在故弄什么玄虚？从现在开始要集中精力听啦，因为这是人生实战中非常重要的事。

　　首先看下一般大桶爆米花的价格。足足要 5000 韩元，成本只有 600 韩元左右但却以 8 倍以上的售价获取暴利。如果知道了成本，我们完全可以整理出 5000 韩元可以购买的零食目录，但如果不告诉你成本呢？做生意原本就是如此。如果把目光稍微转向左侧，就会发现中桶的爆米花价格是 4500 韩元。天啊！这是什么情况？不起眼的中桶爆米花，看上去就吃不了几口，竟然要 4500 韩元，再加上 500 韩元就可以吃到超大桶爆米花了。突然间你就会产生一个捡到大便宜的错觉，认为反正都是吃，与其意犹未尽不如一次吃个痛快。

饮料也一样。如果最大瓶的碳酸饮料是 2500 韩元，那减去 500 韩元就是中瓶的碳酸饮料价格。那么，制定价格和尺寸的标准究竟是什么呢？可以肯定的一点是，价格不会按照尺寸的大小适当增加或减少，这看似完全违背了我们的常识。

你购买大桶的爆米花或饮料似乎是凭自我意志选择的，但实际上并不是这样。如果旁边没有与大桶价格相差无几的中桶做比较，你会高兴地选择大桶的爆米花吗？如果柜台上可口诱人的大桶爆米花照片旁边没有一张瘦弱的中桶爆米花照片，你真的会乖乖打开钱包去买大桶的吗？

你的出生是自由意志吗？上学或者工作呢？结婚生孩

子呢？搬家呢？像这样将人类的选择——展开来看，实际上你几乎很少亲自去做出选择。其中的很大部分人生选择都是当时的状况和环境诱导你做出的，而你却要对这个选择负责。

让我们看一下在超市或便利店挑选商品的场景吧。原本你想喝爽口的运动饮料，但却被贴上"买一送一"标签的香蕉牛奶吸引了视线。在面临选择时，一个叫"买一送一"的恶魔会一直催着你刷卡（我其实也遇到过好几次这个恶魔了），像这样可怕的事一直在你周围发生。你究竟想买什么，你真正喜欢什么，今天吃的午餐是你真正想吃的食物吗？希望你能仔细地回忆一下。

当然，如果你是食欲很强的人，意志力强大到不会妥协，就能坚持到最后（比如你突然想吃五花肉）。但如果仔细想想就会发现，你突然垂涎于烤出的肥瘦匀称、色泽诱人、筋道十足的五花肉，都是因为之前在媒体上看到的缘故。这种无意识间留下的印象依旧对你的选择产生着影响。

恋爱呢？你陷入的爱情真的是自己的选择吗？用内在美来比喻可能有些不妥，那就先从外貌开始讲起吧。假设你喜欢眼睛大的异性。"眼睛大"这种形容很难单纯地从数字上定义为眼睛直径在几厘米以上，因为这个特性是相对而言的。那个因为眼睛大被你爱上的人，她很可能只是在某个特定群体中眼睛相对比较大的。简单来说，你迷恋的那个人只是在你认识的朋友中算得上是大眼睛，因而她自然而然成了你指定的理想异性。

　　那又怎样？我觉得漂亮就行了。这句话说得很对。不仅是你，普遍条件相似的情况下，任何人都会被引导，自然而然地做出这样的选择。那么身高呢？你理想伴侣的身高是几厘米以上，和眼睛大小不同，拥有大致数值的身高也是相对的吗？不错，就连看似绝对的标准值，也是以经验为基础的相对值。不管是男性还是女性，在选择爱人时，都会有自己特别喜欢的地方，并且会拿它和周围的人进行比较，从而被相对优越的异性吸引。这不是绝对的而是相对的，不是你的选择，而是环境引导的。可能你不愿意轻易相信，所以我准备了下面更具体的例子。

假设有 3 张人物照片，首先要说下抱歉，虽然在这里看似在以貌取人，但希望你仅把它当作一个简单的例子来看。这是一个非常简单的测试，只要挑选 3 张照片中觉得最有魅力的人就可以了。

第一张照片：请客吃饭时美丽的孙艺珍的脸

第二张照片：很像孙艺珍但鼻子非常大的脸

第三张照片：仍在做搞笑状的美女全智贤的脸

哪张照片最吸引人？大多数人可能会说第一张照片最具魅力。当然对演员的喜好因人而异，所以肯定会有选第三张照片的，但是绝对不会有人选择第二张照片。第二张纯粹是为了进行对比实验，而将极度歪曲的照片故意放进去的。

事实上，第一张和第三张照片都是难分伯仲的理想照片。如果没有第二张照片，大概有一半会选择第一张照片，剩下的一半会选择第三张照片。但在看到第二张照片的瞬间，我们的大脑却不知不觉地开始比较最相似的照片。因为第一张比第二张看起来更漂亮，而第三张没有其他照片可以进行对比，所以第一张照片就显得更加有魅力了。

相信现在大家都知道如何选择朋友来交往了。如果只想凭借外表来吸引人气的话，可能就需要找些和自己外貌相似但长得比自己丑的朋友啦，但要是这样的话，你们就更难去结交朋友了。而且，在这本书正式上市后，如果很多人过来想和你交朋友的话，你也只能对所受的伤害暂时保持缄默啦。

　　某个万圣夜，街上散布着南瓜们空荡荡的微笑，在美国纽约一名身穿消防员服装的男子悄悄走进一栋公寓，他点燃了准备好的烟幕弹，敲打住在公寓里的一名女性的房门，以火灾冒烟为由要求她开门。女人一开门，男人就用麻醉剂将女人迷昏过去，然后对其实施了长达 13 个小时的性暴力。

　　这就是被称为万圣节强奸犯的故事。在任何人看来，这都是经过精心策划而实施的犯罪。强奸犯被抓后，所有人都以为他会被判有罪，但当时为这家伙辩护的律师主张说："被告患有精神分裂症，因此根本没有犯罪意图。"这简直就是胡说。

辩护律师方面提交的证据是被告额叶部分弱化的脑部断面影像，他声称：由于该部位出现了问题，罪犯很难做出道德判断或计划好的行动，因此不可能实施有计划的犯罪。这是什么意思呢，拍了一张大脑的照片，发现大脑上还贴着便利贴吗？

正在维修中，不可能进行计划周密的犯罪。

由于大脑无法正常下达命令，因此该起恶性犯罪事实上并不是依靠强奸犯的自由意志而发生的，最终律师得出了"对不幸的犯罪结果，他无法负责"的结论。所幸的是，陪审团积极反映了检察机关的立场，最终做出了有罪判决。因为法庭认为，罪犯提前准备了犯罪所需的工具和药品，并持续进行了长时间的犯罪行为，仅从这两点看，很难认为被告没有犯罪的意图。这是一个公正利落的判决结果。

从医学角度上讲，即使个人的自由意志不强，也应根据实际情况接受处罚并承担责任。即使本人没有亲自做出选择，但如果对其他人造成了伤害，本人就有必要对未能阻止其结果发生的行为负责。不能借由没有自由意志的幌子，判定犯罪分子无罪。

最近，科学家甚至开始通过分析脑部影像来区分故意犯罪者和因失误而犯法的人。也就是说，利用 fMRI（功能性磁共振成像）技术，就可以分辨出他是故意摸别人屁股的"咸猪手"还是无意擦到别人的"路人"。与常人相比，"咸猪手"的大脑更活跃，因此只要拍出脑部的影像，就能区别两者。可以说，现在已经进入了可以辨别是否存在计划犯罪的时代，词典中的"酒后"或"一气之下失误"等说法也不再显得无凭无据。

虽然你从未真正勇敢地选择过开始，但人生是一个不断选择的过程，你作为自己人生的主人公就应该负起责任。尽管各种环境、目的、状况等复杂的因素纠缠其中，但你仍有选择的机会。事实上，要想让消费者购买更贵的商品，仅凭诱饵效应和无意识的环境影响，根本不足以左右其自由意志。对自由意志进行深入研究的科学家们主张说："如果在做出任何决定之前就能准确预测结果，就不存在自由意志。"这种"预测"是指决定论的根据还是指仅提前窥测一二，目前还没有明确结论。自由意志的存在与否不能轻易断定。

这里所提出的自由意志的话题，也不是出自我的自由意志，它只是让你感兴趣的一种环境因素而已。你肯定会这么想："难道我没有自由意志？难以置信！"就像我之前说过的，它是人生实战中一个非常重要的话题，所以你读到了这里，这可能不是你热切盼望的事情，但我已经让你可以不顾自己的意志去做我想让你做的事了。现在知道了吧？没有你想的那种自由意志。希望你不要因为被引导而悲伤。毕竟你得到了一个很好的证明，不是吗？

只喝水
身体也能保持能量

减肥的科学

你真的很想减肥，但你也知道这不是一般的困难。如果能将身上的赘肉卷成一团再"嘎巴"一声分开，多么干净利落，但很可惜不能这样做。不要总是用非科学的方法想象一些不像话的事情，还是让我们靠拢科学吧。赘肉，这该死的家伙为什么减不掉呢？

减肥完全是你自己的事。你减肥，对于早晨上班路上遇到的卖酸奶的大妈、便利店的兼职生来说，没有人会在意，毕竟那是你的脂肪和胆固醇。有趣的是，你不能随心所欲减肥的理由也在于你自己。（长肉的时候可以随心所欲，减肥却不行。）

这不是单纯地指责你意志薄弱或设定短期目标是错误的。减肥之所以难是因为在你的身体里被制定了阻止体重减轻的"规则"，好比训练所里的教官，它们也在严密把关。减肥就像渴望达到的梦想一样，但身体的运转却以生存为目标，所以从这个角度上看，两者完全不一样。

　　减肥的方法听起来总是很容易。只要运动就好了，可以把肚皮上的赘肉、双下巴、拜拜肉等地方多余的能量抽出使用。听起来真的很简单。甚至在阅读这一个章节的时候，也可能让你产生轻松减掉1公斤肉的错觉，可能也正因如此，减肥书籍和减肥课程才卖得很火。其实，通过简单的数学计算你就知道减肥有多难了。

　　假如你刚刚吃了点休闲零食，一小杯泡面，为了消耗掉摄入的能量，从下面选项中选出你认为应该做的运动：

　　　1. 用2个小时绕运动场慢走30圈

　　　2. 从1层到30层上下爬楼1小时

　　　3. 在拳击场上与迈克·泰森坚持做20分钟的拳击练习

　　事实上从三个中挑哪个都可以起到消耗热量的作用，但我们都知道真正要去做并非易事。我个人认为，哪怕觉得小杯拉面的量太少，不怎么能吃好，又去吃了西式套餐，用以上的方式来消耗掉摄入的能量也是绰绰有余的。

　　不幸的是，事情并没有就此结束。正如刚才所说，身体的目标是生存。我们想要的是过上很苗条的生活，但我们的大脑却是一个精打细算的家伙，一小撮脂肪也不会随便浪费掉。当你花费精力试图吃更多的东西时，你的大脑会变得认真，竭尽全力地去增加食欲。当你饿着肚子时，脑海里就会不断地浮现炸鸡、比萨饼、五花肉、方便面等食物的画面。如果在饿着肚子的情况下展开激烈的呼吸运动，身体就如同被下达指令启动"能量紧缩政策"一般，连一根手指都很难动一下。之所以如此是因为在大脑和中脑之间存在一个叫作下丘脑的家伙，它在负责食欲调节[1]。"要饿晕了，快点煮拉面吧！"当人们因饥饿产生晕眩时它会发出这样的呐喊，在此过程中自然也少不了神经细胞（神经元）这个帮凶的作用，我们就先简单把它称为眩晕神经元（饥饿敏感神经元）吧。

当人感到饥饿或口渴时心情会变差，严重的话还会出现头痛和眩晕等症状，这都是眩晕神经元的缘故。一旦眩晕神经元活跃起来就会让你感到不舒服和郁闷。相反，如果吃了食物，眩晕神经元就会不再活跃，大脑就会启动补偿机制，使你感到平时吃的食物更加美味。果然饥饿是最

---

[1] 下丘脑中的 AgRP（Agouti-related Peptide，刺鼠关联蛋白）具有增加食欲，减少新陈代谢和减少能量消耗的作用。

好的调味料啊。

眩晕神经元非常聪明，单纯靠填满肚子来满足饱腹感是不能让它安静下来的。例如，在肚子饿的情况下，虽然吃了散发着香味但却完全没有营养的食物，眩晕神经元依然会活跃起来，进而让你对这种食物感到不适，对它不再有食欲。因为没有营养价值的食物不管怎么吃都只会激起眩晕神经元的怒火。

相反，如果让晕眩神经元暂时变得紊乱，愉快地品尝那些没有营养的食物，即便是在肚子饿的情况下我们也不会有气无力，可以肆意走动。即便不进食也不会感到郁闷难受，那样的话对你减肥会有很大帮助。

至今为止，眩晕神经元就像手机游戏一样，你躺在客厅里是无法随心所欲操控它的。要想实现对它的操控就不能只凭判断而是必须对现有既定方式进行验证，看是否实际可行。接下来，选出下列内容中你认为正确的选项。

1. 为了预防体重反弹，必须慢慢减肥。

2. 运动的时候必须减少食量才对减肥有效。

3. 锻炼肌肉，即使不做其他运动，也会自然而然地减肥。

我们都知道快速减肥会发生反弹。那么慢慢地减肥，就不会反弹了吗？我很遗憾地告诉大家，如果一个人慢慢减肥，一年只减去一公斤，仍然会反弹。体重反弹是无关快慢的。虽然很难以置信，但这是事实。

怎样才能不出现反弹呢？澳大利亚科学家以渴望减肥的 200 人为对象做了一个实验。他们将实验对象分成两组，每组 100 人。一半人进行高强度的减肥，另一半人采取较慢的减肥计划。这两组人的目标都是减掉 15% 的体重。虽然达到目标体重的时间各不相同，但双方参与者大都成功地减掉了体重。然而三年后科学家再次见到他们时，他们辛苦减掉的体重又重新长了回来。但是，通过高强度的减肥方式快速减肥的群体中，大多数人的体重虽然有所反弹，但他们都还保持着相当不错的减肥状态，而慢慢减肥的群体中有一半以上的人都恢复到了原来的体重。

这真是晴天霹雳！早知道会是这样，就该抓紧减掉的，白白浪费了时间。但如何做才能不让体重反弹呢？只有一个办法，那就是坚持不懈地运动，以快速的运动不屈不挠地打击脂肪。就如同教科书式的答辩必将伴随着应试教育一样，只有坚持不懈地运动，才是反弹现象的唯一解决方法。反弹是由于身体不能适应新的环境，为再现过去"健壮状态"而出现的现象。如果你不告诉大脑由于你坚持不懈的运动，身体状态已经发生了变化，那么你的大脑将会一直为了实现金灿灿的未来而不断积累"财富"，虎视眈眈地寻找每一次可以积累脂肪的机会。想避免反弹只有继续进行运动，直到大脑承认环境发生了改变为止，除此之外别无他法。而且，每个人减肥所需的时间都不一样，对你而言需要的时间可能比预想的长很多。做吧，坚持不懈。

另外，比起只做运动，一边运动一边调整食量的方法对减肥更有效，这是千真万确的。如果你有能力这样做的话。

减少食量同时加强运动，这样减肥效果更好。但由于眩晕神经元的存在，肚子饿时你的心情会变得忧郁，它会使你因痛苦而无法继续运动。这听起来好像在说我自己的故事一样？对的，这是我们所有人的经历。实践实在是太难了。"如果好好学习，就能进入好的大学""如果长得帅就能找到恋人""如果多旅行，就能增加见闻"等，这些道理谁不知道？难道是因为不知道所以做不到吗？

你的大脑很聪明，如果偶尔运动比平时消耗了更多的卡路里，它就会想方设法地让你摄入更多的卡路里。努力运动后，会想着煮一碗方便面吃吧。还没吃几口，但方便面已经只剩下汤了，这时你甚至会为是否应该再煮一碗而陷入苦恼。为什么呢？想比平时吃的多是因为受到了大脑的诱导。

如果我们成功减肥，大脑就会产生危机感，它甚至会向所有肌肉下达命令使其进入节能模式。这样一来，即使是和以前一样的运动量，肌肉也会因为不能正常使用能量，不得不以最少的能量来支撑着身体。这好比为了应对"卡路里界的金融危机"急需打开储藏的"紧急备用金"是一样的道理。从大脑的立场上看，减肥的行为本身就会给大脑带来非常大的负担，现在就是一小撮胳膊肘上的肉也不能被轻易送走了。

由于大脑的妨碍，减肥变得很难。运动难，调整饮食量就更难。尽管如此，同时进行运动和调整饮食量两者并行的方法确实很有成效，不要因为没有显著的效果过于灰心，你的意志并不薄弱。实际上，减肥的难度被渐渐提高的话，减肥本身也就会变难。如果知道这点的话以前受的苦就不会那么痛了吧。继续承受苦楚吧，在承受中甩掉肥肉。

最后，如果锻炼出很多肌肉，肌肉本身消耗的能量会逐渐增加，减肥也会变得更容易。这是有道理的。因为大肚子上的这些软绵绵的家伙天生懒惰，不爱动，所以不需要消耗太多的能量。与此相反，肌肉结实厚重，自然会消耗很多能量。但事实果真如此吗？

肌肉越多，运动时燃烧的能量就越多，所以把肌肉锻炼好，基本上只要呼吸就能充分消耗能量。但遗憾的是，肌肉就像是整天躺着休息的树枝一样，如果长期不使用，会变得松弛，那么即便肌肉再多，它们燃烧的卡路里也只相当于三口可乐的热量。

如果因为稍稍长了些肌肉而放松警惕，就会像解除魔法的菲奥娜公主一样，最终回到原来的状态。所以最好的方法就是最大限度地去锻炼肌肉，并且不断地给它们施加压力，促使它们不停地工作。据说，使用大勺或大叉子会起到减少食物摄入的效果，因为握着大叉子吃饭，大脑会意识到这样一次会吃很多，从而引导你减少用叉子摄取食物的量。吃饭时用小碗来代替大碗，也会因产生的错视效果而感到饱腹感。据说，一个人单独去饭店吃饭用餐时长会缩短，饭量也比很多人一起吃的时候要小得多。而且看悲伤的电影时会吃更多的爆米花，所以看电影的时候就应该看喜剧电影。

但知道了这些又怎么样呢？毕竟任何理论都不能战胜贪吃。

有人为了减肥一天只吃一顿饭，也有人采取生酮饮食或葡萄减肥法，只吃特制的食物。不论哪种方法，最重要的是不断尝试找出真正适合自己的减肥方式，就像科学家们寻找研究主题一样。另外在找到好的方法后，还要继续观察并保持警惕，防止肥肉"去而复返"。

从另一个角度看，为追求过度消瘦而进行减肥，结局并不乐观。由于减肥，营养不足可能会给下一代带来不良影响，特别是那些从母亲那里吸收不到充分营养的胎儿，他们很可能会成为早产儿或因此患上慢性疾病。另外，在长期缺少营养的残酷环境中成长，大脑也会产生记忆，婴儿出生后会以最大的限度去吸收所有营养，有可能患上肥胖、高血压、糖尿病等疾病。虽说是可能，但这些情况完全有可能发生。

为了健康减肥很重要，如果体型肥胖更应该为了健康幸福的生活而努力减肥，但是单纯地想变得像艺人一样苗条或者为了穿进更小尺码的衣服而减肥，可能会带来很大的副作用。对我们而言，最重要的是要对自己的形象有自信，可以堂堂正正地面对自己。不要强迫你自己，也不要强迫你身边的任何人为了美丽而活着，因为你们本身已经很帅气很美了。

太古时期的
吃播是这样开始的

驯养的科学

吃播，不知不觉已经遍布了网络媒体。虽然不知道原因，但是看到别人吃东西的样子心情就会变好。有人为了减肥通过看吃播来安抚饥饿感，看着别人吃东西，会替别人感到满足；也有人因为自己在家独自吃饭感到孤独因而迷恋吃播。也许吃播只是在单纯分享美食的习惯中衍生出的一种高级趣味吧。

我曾参观过动物园和水族馆，等到饲养员喂食的时间，还幸运地得到了亲自喂小动物吃东西的机会，看着梅花鹿和白羊认真吃着你投喂的食物，心中的幸福感油然而生。我们为什么喜欢给其他生物喂食呢？是吃饱了没事做，还是有剩余的食物？甚至回想起学生时代和朋友们一起分享带来的零食，心中也会莫名地感到愉快。

从熟知的伊索寓言故事《狐狸与鹤》中，我们可以看出，动物并不轻易分享自己的食物。事实上，在生态界动物们很少共享食物，分享食物的行为算是人类特有的一种习惯，所以我们时常见到有人向路过人行横道的小鸟扔饼干，或喂食院子里的野猫。但如果我们生活在野生世界，这样的行为对我们的生存是没有任何帮助的，自己的日子过得富足可能没关系，但如果不是这样，分享食物的行为对自己或抚养自己的亲属来说，无疑是一种损失。然而大多数人还是会自然而然地分享自己的东西，明明会蒙受损失，但仍然觉得值得并继续这么做，他们认为所有的生命都是这样适应过来的，只有这样，才符合常理。

为了解释这类现象，科学家进行了一项相当有趣的研究。人们和宠物一起生活的好处是什么呢？即使只是看着自己的宠物，也有很大的好处，这在科学上已经得到了一定程度的证实。研究结果表明，与动物在一起，压力会自然减少。如果说工作时所受的压力值是 70，那么躺在沙发上看电视时，该数值会降低到 66 左右，即使是休息，压力也不会变成零，而且减少压力值也不是件容易的事。但在与宠物狗相处交流的时候，测量出的数值足足减少到53，即便仅与毛茸茸的小家伙进行了眼神接触，大脑也会分泌一种叫催产素的激素，它可以调节呼吸，降低血压，使身心变得舒适。

那么，人类是从什么时候开始饲养宠物的呢？人类用双脚直立行走，用手制造工具已经有很长一段历史了。虽然人类拿着石头到处敲打乱跑是300万年前的事（打制石器的旧石器时代），但火的使用距今也仅仅只有40万年，驯养动物的历史肯定更短一些。实际上，人类开始驯养动物的历史迄今为止只有2万年。

最初人类试图驯服动物的目的是什么呢？饲养它们是为了当作大块的五花肉烤来吃吗？当然也有可能。还是干农活时想让它们出点儿力？然而人类在进入农耕社会前就已经开始驯化动物了。其实，这个问题的答案可以从擅长跳跃的马塞人和向蜜鸟的关系中找到。他们两者建立了战略性商业合作关系，但是开始是由谁最先提议的，以及他们是如何进行谈判并达成一致的，没有留下任何文书可供参考，我们也不得而知。重要的是，人需要蜂窝里的蜂蜜，而向蜜鸟喜欢蜂窝里的幼虫。当马赛人进入树林，向蜜鸟就会唱着歌把人带到有蜂窝的地方，人找到了蜂窝，从里面得到了蜂蜜，里面留存的幼虫自然也就成了向蜜鸟的美餐。驯养可能就是从这种相互帮助的关系中开始的。

如果提到最早被驯化的动物，可能有人会首先想到与我们亲近的鸡，但正确答案是人类永远的朋友——狗。狗从很久以前就很擅长打架，而且忠诚于人类。

　　狗是从狼被驯化而来的动物。狗的祖先和狼的祖先是相同的动物。虽然进化到现在它们已经变成了完全不同的物种，但在很久以前，狗应该更接近于狼，是拥有锋利的牙齿和爪子，极其凶恶的动物。

　　人类最先驯服的为什么是狼呢？因为狼是人的天敌，它们喜欢吃人类爱吃的食物，是人类在食物链中的竞争者，并且个很难亲近的家伙。那人类为什么不消灭或赶走它们而是要驯服它们呢？

　　当然驯养狼并不是一件容易的事情。由于它是人类历史上第一个伴侣动物，所以驯养所需的时间比驯服其他动物要长得多。最初给一顿饭，它们眼睛立马会闪光，但也不会跟随人类。可能驯养成功也经历了野生狼和宠物狗之间模糊的中间阶段，实际上在外国，这种流浪狗很多，它们与人们养的弃犬不同，是在很长一段时间里成群生活的家伙，与狼狗很像。

如果上了年纪的老狼从狼群中掉队，由于自己很难狩猎，就只能把人类给予的食物捡起来吃，或向人类微笑着乞讨食物。这样的关系不断反复出现，相比普通狼，就出现了脸皮厚的狼。另外，由于人类非常喜欢投喂食物，在此过程中便产生了乐于接受投喂并与人玩耍的狼的种类。

在电影《阿凡达》中，男主人公驯服了兽界王者，回到部族时他几乎成了超级明星，可能在当时，驯养狼也是原始人的一个兴趣吧。如果与狼一起举行狩猎派对，捕获猎物的成功率会比独自一人高出 1.5 倍以上，当然成果必须要和狼一起分享。但在商业时代，除了合作，具备与众不同的竞争力也是很重要的。

成功驯养狗后，人类逐渐产生了"有依据"的自信感，开始尝试驯服其他动物，并且成效还算不错。此外，驯养狗的时间恰巧与农耕和牧畜开始的时间相吻合，由此看来，狗的驯养对人类文明的稳定发展起到了相当重要的作用。养狗既可以放羊、放牛又可以种稻子，这难道不正是章鱼足式的事业扩张模式吗？

另外还有一点人们比较好奇，动物在被人驯养前后究竟发生了什么变化？其实明显改变的地方很多。仅拿狼和狗比较，两者的感觉就完全不一样，从先前听起来的"呜——"的叫声变成了"汪汪"，而且驯化后的狗似乎更具"生活礼仪"了，解决问题也不再通过打架而是用对话的方式。接下来再从下面的选项中挑一下正确答案吧。

　　　　1.被驯化后狗就像斑点牛、斑马一样，身体上的花纹开始变得多样。

　　　　2.立耳变垂耳。

　　　　3.鼻子变得扁平，下巴向里收，变得有点婴儿肥。

　　狼长得很帅但狗却很可爱，狼被驯服后好像还学会了撒娇。这是查尔斯·达尔文继进化论《物种起源》之后，在1868年写的《动物和植物在驯化下的变异》（*The Variation of Animals and Plants Under Domestication*）一书中详细谈到的。

　　从结论上讲，三种说法都是正确的。即便是非刻意的驯养，也会使动物产生各种变化。最开始人类挑选产奶的牛进行驯化，而后就出现了斑点奶牛，由于这些被驯化的奶牛过上了舒适的生活，没有必要再竖起耳朵对周围进行警戒，于是耳朵就渐渐垂了下来。

至于鼻子和嘴没有凸出来而是向里长的特点则表明它们头盖骨的长度变短了。实际上野生狼的头盖骨很长，但从被驯服的约克郡犬和马尔济斯犬的情况看，它们的头盖骨却很短，而且它们直到成年依然会保持着小时候的样子不会改变。之所以有这样的变化是因为驯化后它们的脑容量变小了。不过有人就会问了：脑子变小就相当于变傻吗？当然不是。如果头脑越大越聪明，那大象就可能是门萨会员 ①了吧。

大脑变小并不意味着会变傻，只是说与之前相比，大脑使用智能的方向发生了改变。为了生存，狼的大脑要实现最小化以便密切连接嗅觉器官，但狗的大脑就没有这个必要。

由于未被驯服的野生动物经常处于紧张状态，它们会分泌出很多肾上腺素，这种激素会导致其瞳孔扩大，口干，心跳加快。简单地说，就是会使动物处于兴奋状态。但它

① 指高智商人群的特殊群体。

们一旦被驯服，许多危险因素就会消失，即便看到人也不会害怕，更不会兴奋和紧张了，这时它们分泌的就是血清素——一种会感到幸福的激素，与人越熟悉，幸福激素的数值就越高。

有趣的是，驯养所改变的并不仅仅是激素的数值，还有与激素相关的基因。实际上这些基因与身体的颜色、软骨、骨细胞等由来是相同的。简单从人类情况来说，黑人大多为卷发，是因为在黑人的遗传因子里存在某种使头发弯曲的基因。就像人种的特性一样，动物也会出现相似的变化。被驯养的动物在幼小的时候，甚至可以说从出生前的受精卵开始，与激素相关的遗传因子就已经发生了变化，因而在其成长的过程中不仅是激素，连同身体的花纹、头骨的形状等性状也跟着发生了变化。

那么出现这种变化需要花费多长时间呢？这就需要问下驯服过狐狸的人啦，只有他们才知道。在1952年，一位名叫德米特·巴里耶夫的俄罗斯生物学家决定驯服一只凶猛的银狐。事实上，他并没有进行常规的训练或是有意的身体接触，仅仅是在来到禁锢狐狸的铁笼前时，挑选了些没有对人进行攻击或逃跑，且好奇心较强的家伙，继而饲养让它们继续繁殖。它们之间一旦有幼狐出生，他就会

进行同样的筛选，如此反复进行繁殖。

最终，像狗一样摇着尾巴非常喜欢亲近人的狐狸诞生了，这个实验没花太长时间，在反复繁殖的第8代就出现了被驯养的狐狸。之后又重复了45个循环左右，这时，出生的80%以上的狐狸都喜欢跟随人类，且显现了明显被驯服的痕迹。作为参考，俄罗斯在经济萧条时开始出售这种改良后的宠物狐狸，价格相当于一辆小汽车，但依然有很多人为了展示财富愿意欣然支付这样昂贵的费用。

　　"我正在找朋友。什么叫'驯养'啊？"小王子又问道。

　　"人们太小看它了。"狐狸说道，"就是'建立关系'的意思。"

　　"你说我们建立关系？"

　　"当然是这样。"狐狸说，"你现在对我来说只是一个小朋友，和许多小朋友一样，没有区别，所以我不需要你。我对于你来说，也只是一只狐狸，和许多别的狐狸一样。但是，如果你驯服了我，那么对你来说，我将是这个世界上独一无二的存在。"

这就是告诉人们"驯养"意义的名著小说《小王子》。这本小说问世的时间比最初的狐狸驯化实验早16年，因而，巴里耶夫选择狐狸作为驯化的对象有可能是受到了这本小说的影响。

目前为止，我只对"驯养"进行了单方面关系的论述，但实际上这一过程是相互的。正如我们驯服狗一样，反过来看，其实狗也在驯服我们。纵观人类进化史，从原始人类到晚期智人，跟前文提到的被驯养的动物一样，人类身上所发生的变化也完全相同。例如，人类在长大后也依旧保持幼年时期头盖骨的形态等。

在进化过程中，人类动不动就会把某些人类种族赶尽杀绝，之后互相追随，产生同感，并产生一种叫作5-羟色胺的激素，最后在相互驯服中剩下了能够习惯彼此的人类，并且人类还以此经验为基础，驯服了其他物种。坦白地说，你可能有些吃惊。人类作为食物链最上层的捕食者，一直以为自己能够驯服其他生物，却不想人类竟也是在互相驯服中，才走到了今天。人与人相互驯服、人和狗相互驯服，最终在所有的相互驯服中形成了当今的世界。因此，我们身边这些毛茸茸的小家伙并非只是宠物，它们有资格被称为伴侣动物。

而且，人类身上也留下了被驯服的痕迹。那就是瞳孔中的眼白。不被驯化的动物眼睛里没有眼白，但人的眼睛里大部分都是眼白，伴侣动物也是一样。眼白多，不代表有助于视力，因为瞳孔越大，才会对视力越有帮助。相反，如果眼白较多，看东西的性能就会下降。那么，为什么在承受如此不利的情况下，眼白还会增多呢？因为眼白也有一定的好处。

正因为有了眼白，即便相隔很远也能知道对方正在观望何处。不仅能感受到彼此面对面的感觉，而且在沟通上还可以进行更多的眼色示意。也就是说，通过瞳孔的方向，可以给予对方信任感。这难道不就是彼此被相互驯服的证据吗？仔细看电影《人猿星球》，其实主人公猩猩凯撒和人一样也有眼白。但由于化妆粗略，所以看不到罢了。在电影中眼白似乎已经成为最接近人类进化的一种标志。

现在的吃播是吃东西的主播和看客之间的相互影响，而太古时期的吃播是动物和人、人与人间相互驯服的过程。最近，据说比起吃播，"宠物直播"更受欢迎，不论是吃播还是宠物直播，当然什么都可以。互相间的关心关爱，才是建立关系中最重要的一点。力量和大脑都非常强大的尼安德特人也被智人灭绝了。为了不被灭绝，我们也应该把发展的方向放在处理与智人的关系上不是吗？善待周边的人吧。

3

电影般的现实，
现实般的电影

存在
某物种的确切证据

外星人的科学

外星人，若说存在，难免让人害怕，若说不存在，又让人担心。生活在地球上的男女老少多少都会对外星人有所幻想，也会看许多相关的电影和漫画。因为对于外星人，很难证明它们不存在，也很难找到它们存在的确切证据，所以从很久以前开始，所有关于外星人的东西都很模糊。你童年记忆中的外星人（或被称为ET），他们外貌确实是非同寻常的特别，要么眼睛特别大，要么脖子特别长。这些猜测可能是考虑到他们生存的环境与地球不同，但实际上谁都不能确定他们的样貌究竟如何。有趣的是，虽然都是来自地球以外，但如果长得帅，就不会被叫作外星人，而是帅气又强壮的超人或者雷神。2013年播出的电视剧《来自星星的你》中金秀贤也是因为长得太帅而迷倒众人，所以几乎没有人记得都敏俊是外星人。像这样，人们对外星人的认识会根据不同情况而改变，很难整理得清楚。但存在外星人的这一说法，最初是被如何提起的呢？

在很久以前，1877年意大利天文学家乔万尼·斯基帕雷利通过望远镜发现了被推测为火星运河的地形。由于运河不是自然形成的，而是陆地上人为挖掘出的水路，因而他认为火星上可能存在某种生物。谁？是有谁在吗？以如此荒诞的逻辑为基础，火星上有外星人的说法出现了。在此后的很长一段时间里，许多科幻小说家和电影制片人都在这个看似说得通的逻辑上，把所有外星人的发源地统一为火星。那么，火星上真的有外星人吗？这个问题必须得问一下去过火星的人才行哦。

采访对象1：海盗1号

Q：您好，您去过火星吗？

A：当然了。我记得是在我年轻的时候，爽极了！

Q：听说还和天文学家卡尔·萨根一起拍了照片，很有名呢！

A：哦，那不是我，而是地球上的仿造品，他说为了留个纪念才做的。

Q：你是带着什么任务去火星的呢？

A：很简单，来确认火星上是否有外星人。

Q：是外星人吗？什么外星人？你怎么确认的？

A：不是什么了不起的家伙，和土壤的微生物一样。真是不好意思说它们是外星人。就是确认它们呼不呼吸、吃不吃东西、上不上厕所。

Q：哦，所以有外星人吗？

A：它们倒是呼吸，吃也会吃，但就是不大便。不大便的话，当然就应该不算了吧。

还有更有趣的勘探记录。像美国有航空航天局（NASA）一样，欧洲有欧洲航天局（ESA），他们在这里将"小猎犬2号"探测器发射到了火星，目标依然是寻找外星人。着陆器与探测器成功分离，未发生任何故障，平安在火星上着陆。

这次采访可能有些惊慌。

采访对象2：小猎犬2号

Q：今天来采访下刚刚在火星上着陆的比格尔先生。你好！

A：你好……什么啊，这个……

Q：比格尔先生，你好吗？能听到吗？

A：…………

Q：以上就是，位于火星上的比格尔先生。

2003年"小猎犬2号"着陆在火星表面后立即失去了联络。甚至有传闻称，火星上的外星人因害怕暴露自己的真实身份，摧毁了着陆的"小猎犬2号"。难道外星人也害怕探测器吗？但是12年后，"小猎犬2号"被发现了，而且状态非常良好。即便外星人真的存在，也不会把探测器摆放得这么好。有推测称：根据它被发现的姿态，探测器并没有什么外部问题，有可能是着陆途中撞上了火星表面，通信设备等未能正常启动所导致的失联。

有很多人主张火星上存在外星人。人们曾在火星各地观测到过诸如人的脸、人的手指、女性的形象、蜥蜴、骨头和头骨、人工造型等形象。但是这其中的大部分情况都是由于照相机的分辨率低或产生视觉错觉而发生的偶然事件。如果以后火星旅游普遍化，那么作为旅游线路，预计火星将会有相当大的竞争力，但从科学的角度来看，还是让我们一笑而过吧。

有消息称，在从火星飞来的石块上发现了貌似外界生命体的化石，这是火星扔向地球的一枚"亲切的种子"。

它引发了众多争论，其中最激烈的争论开始于大卫·麦肯1996年发表的论文，论文中他展示了来自火星细菌化石的电子显微镜照片。

由于当时还没有像样的火星照片，因此，视觉上的证据资料成了社会上的一大焦点。但是仔细想想的话，只凭借它们和地球上的细菌形态相似，难道就能断定它们是外星生命体的化石吗？甚至当时的一位科学教授也称："看到几条弯曲的线，就说长得像地球上的细菌，这不是科学而是误导，如果这样的话，那么不久后还会在陨石上发现外星兔子。"

这让我突然想起了服役的日子。一个安逸的周末上午，曾以恶毒而出名的前任兵长走了进来，一进来就开始殴打睡在我旁边的小伙子。听了他的解释后才知道原来他女朋友有了外遇，她新交的男朋友鼻子上有痣，所以一见到鼻子上有痣的小伙子他就会对他们进行一顿毒打（幸好我的痣长在眼睛下面）。被称作火星细菌的化石也是一样的道理。所以，对于大卫·麦肯的观点，与他共事的其他科学家们反应都很冷淡，也致使他一直被恶意留言所困扰。由于这"半个接近"的发现对当时世界影响巨大，因此对于类似的"冒险性的接近"，大多数科学家都不再相信。

采访人 3：机遇号

Q：哎？你还在这儿吗？

A：你好。这真是一个美丽的夜晚啊。我到火星已经 14 年[①] 了，时间过得真快呀。

Q：你在火星上大概跑了多远了？

A：至少像马拉松选手一样吧。据说我跑了历史上最长的距离。

Q：你跑完这么长的距离了吗？了不起啊！

A：作为勘探机器人，我只是做了我该做的事。

Q：你还记得你来火星的目的吗？

A：什么来着，生命体？气候？我不知道，记不起来了。

Q：最后，还有什么话想对读者说吗？

A：妈妈，我要继续奔跑了，妈妈是世界上最好的。奔跑啦——奔跑啦——

（机遇号滴答滴答地以每秒 5 厘米的速度从视野中消失得无影无踪。）

[①] 机遇号于 2003 年 7 月 7 日发射，2004 年 1 月 25 日安全着陆火星表面。此处的 14 年是按 2018 年原书首次出版时间算的。

"机遇号"火星探测器抵达火星后，计划利用100天左右的时间进行探测，但它却在14年的时间里，成了不受任何因素影响，踏实履行自己职责的"百战老将"。虽然最近刮起了火星全境的沙尘暴，人类与"机遇号"暂时失去了联系，但所有人都相信很快就会与它恢复联络，毕竟它被称为火星探测界的"蝗虫"，实力不容小觑。如果拿最近迅速崛起的"好奇号"与之对比，在"机遇号"面前，"好奇号"不过是个无足轻重仅训练了6年的小兵而已。有人说，在"机遇号"完成相当于马拉松赛程的勘探距离后，NASA职员们为纪念该里程，还举行了自己的马拉松活动。开发者亲自体验探测船的艰辛，果然是NASA啊！

　　这么多的勘察器登陆火星，让人们对火星上有生命的说法大多失去了信心。如果存在外星人，那它们实在太安静了。过去人类致力于寻找火星上存在过生命体的证据或可能性，但现在的勘探活动好像不再以此为方向，而是认真敲碎石块，勘查矿物质，放上漂亮的滤光镜自拍。

　　尽管如此，人们似乎不再对外星人抱有太大期待，这可能是因为人类还没有迈出步伐吧。除了载人探测器，还有移居火星的计划等都很值得期待。如果这本书成为系列的话，写到第8本的时候，火星上会不会有什么新发现呢？毕竟远大的梦想需要大家共同实现。

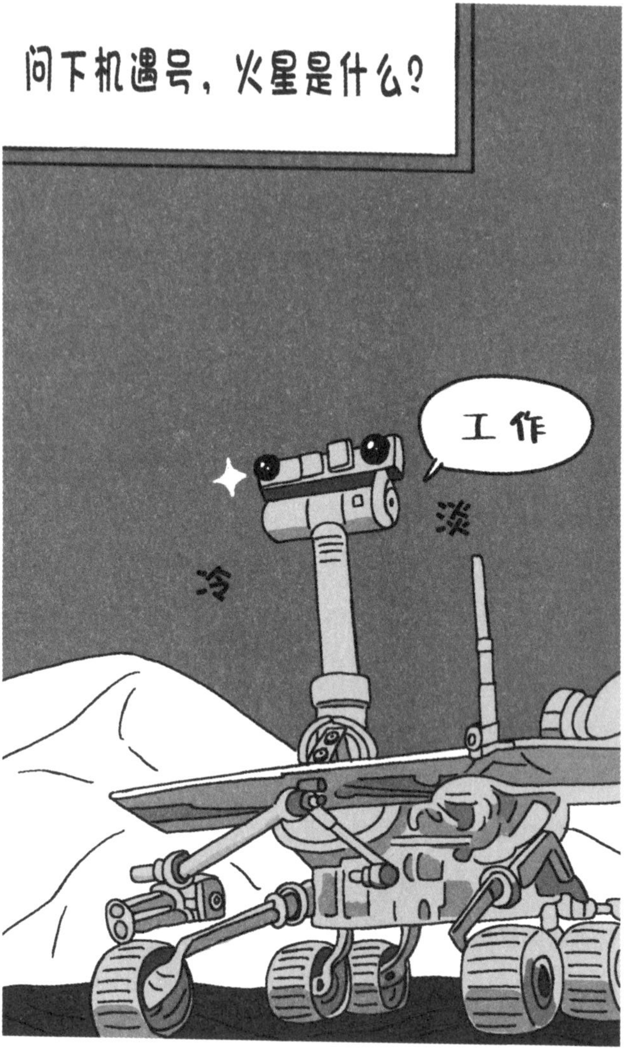
问下机遇号，火星是什么？
工作
淡
冷

谈到外星人，人们经常会想到 UFO 这个名词 ①。顾名思义，就是不明飞行物。无论是黑色塑料袋还是气球，在被识别之前都是 UFO。如果被识别出来，就会发现事物的原形其实很有趣。神奇的是，有很多不能被识别的事物，但却被多次目击或拍摄。

　　如果你是要访问地球的外星人，使用了比地球领先几百年以上的科学技术伪装自己，最后竟然还是轻易地被人类发现了，还会有比这更屈辱的遭遇吗？它们是外星人，而且乘坐的探测船是它们科学技术的集合体，所以根本不可能达到这种被无视的程度。假如古代的皇帝看到了奔驰 E 级车，那么与当时的马车相比，这几乎也是他们无法想象的如同 UFO 级别的高级技术。但最近发现的所谓的 UFO 残骸所使用的零件几乎与现代飞机相似。若说它是真正的 UFO，至少应该用一些我们不清楚的零件才行吧，这才是真正意义上不明飞行物的正确打开方式啊！

　　由此可见，外星人访问地球的故事可信度很低。现在

---

① 如果直译 UFO(Unidentified Flying Object)，它虽然是"不明飞行物"，但通常被认为是外星人的自用车。

手机、手表、平板电脑等大部分电子器材都安装了摄像头，但奇怪的是拍摄 UFO 的成功率却没有增加。因此，过去拍摄的 UFO 照片很有可能是合成的。另外，不明的飞行物被随便称为外星飞船、被发现的外星人也与影片中的形象没有太大的区别，甚至在与外星人相遇之后，随之到访的所有秘密要员所穿的服装都是统一的黑色西服，与电影《黑衣人》里的情节一样。种种迹象都表明人类看见外星人的故事似乎并不可信。

那么实际上，科学家是如何寻找外星人的呢？这点才是最令人好奇的。为了满足好奇心，让我们重新从离地球较近的火星开始说起吧。

发现外星人或外星生命体，最现实的方法就是寻找它们所生活的外星行星。那么要从何做起呢？首先，要想成为"外星行星"，必须确定什么是必不可少的因素。水？空气？对我们来说，最重要的当然是太阳。

"果然还得是 big bang 的太阳啊。"这短短的句子里存在着宇宙的开始，包含着粉丝们的心。（big bang，宇宙大爆炸，又与韩国偶像团体 big bang 同名。）我们的家园如果没有太阳，将只是一块冰凉的石头。自身发光能源（恒星）以及在其周围适当距离内运转的石块（行星），这两种组合可以说是巴塞罗那队里萨维和伊涅斯塔的组合。

在宇宙中寻找这种组合最简单的方法就是直接通过眼睛去观察。你已经知道了要寻找的两点，只要找到这颗明亮的星星，还有一块漆黑的石块就可以了，但这又谈何容易。因为星星太亮了掩盖了石块的反射光。就像天花板上的荧光灯太强，桌上的台灯开和不开没什么区别是一样的道理。因此，科学家们经常通过挡住明亮的星光来寻找平时看不见的行星的微弱光线。

最近科学家正在开发一种将人造建筑物放在宇宙中，让其切断明亮光线，而后进行观测的太空望远镜。而星际飞船"星影（Starshade）"的任务是，利用棒球场大小的宇宙飞船来遮挡光线，制造出一种像日全食一样的效果。如果在地球上发生日全食，白天也可以看到星星，利用这样的方法将会寻找到隐藏的外星行星。

半夜里，如果突然有人打开灯，我们可能会被过于明亮的光线吓到，本能地抱怨并用手掌挡住光线。这是因为光比较刺眼，人为了减少光线进入眼睛而采取的一种无意识的行动。如果什么东西挡住了光，光便会相应地减少。外星行星挡住光线道理也是一样的。如果在地球上观测到星光出现周期性减少的现象，那么就可以认为隐藏在某处的外星行星起到了遮挡的作用。

　　如果能很幸运地观测到经过的行星的影子，就可以通过影子形状推测出外星生命体的存在。行星通常是一个很自然的球形，但如果看起来比较特别，就可能存在某些神秘物种的介入。这就好比，小时候周围朋友们的长相都差不多，但长大后参加同学会，出现了"长得太好"或"长得很漂亮"的朋友，那么我们很容易认为他们进行了整容。上述这两者的推论方式是一样的。如果在太空中也突然出现巨大的人造结构，也许周围就存在相当于整形外科医生的外界文明也不得而知。

　　如同恒星和行星跳着华尔兹在空中旋转一样，公转不是一个人能单独完成的。虽然月球围绕地球公转，但实际上地球也在围绕月球公转。只是同月球相比，地球要重得多，因而地球只绕了一个小小的圆而已。独自的行星和伴有行星的父母星两者的移动也有细微的差别。即使带着再小的行星，父母星也会受其影响做出稍许的移动，不会原地不动。也就是说，即使看起来好像只有自己一个人，但如果它发生了轻微的晃动，在它周围就很可能存在让我们感兴趣的外星行星。

　　根据爱因斯坦的相对论，光会因引力而发生弯曲。如果仔细分析光弯曲后亮度发生变化的情况，就会发现虽然我们看不见，但可以推测出其中有引力。通过这点可以类推出外星行星的存在，即便我们看不见它。还有一类如同脉搏跳动的小伙伴——脉冲星（pulsar），它可以用来测量外星行星的运动周期。除此之外，还有许多寻找外星行星的方法。虽然通过这些方法可以确认外星行星的存在，但在那里是否存在生命体，是更为复杂的事情。但可以肯定的是，地球文明才是寻找外星人的最佳解决方法。毕竟地球文明的产生用了 45 亿年左右的时间，我想或许其他行星上也需要这样的文明。

在宇宙中地球是被证实的生命体能完好生存的地方。如果没有我们，就不会有外星人，也正是因为有我们，所以人类满怀对外星人的期待。就这样，到目前为止，我们成了唯一的外星人，成了外界生命体存在的决定性的证人。在这广阔无边的宇宙中，除了我们之外还有谁是最具决定性的证据呢？唯有我们——生活在苍茫的蓝色星球上的人类。

现今那些
不以为然的事

人工智能的科学

公元 2081 年，人类屈服了。这是人类成为灵长类动物后的首次败北，人类此前所创造的一切都被彻底征服。现在只剩下对创造他们的造物主仍心怀一丝希望。他们冷静而完美，没有任何犹豫。虽然从一开始就知道这是一场必然要输的战争，但人类还是无视警告。只希望对他们而言，我们还算是有用的生物吧。

在不远的将来，在人类最后的生存场所也许会发现一张这样的字条。

这是什么情况？当处处充溢着机器文明，机器代替了地球上所有有机生命体的时候，我们才发现好像有什么不对，但为时已晚。

如果有人在街头声称人类将成为人工智能的奴隶，人们可能会以茫然的表情予以无视或嘲笑。人工智能支配人类好像只会在反乌托邦电影的老套剧本中出现，现今，我们对"奴隶"这个词都很生疏，仿佛它从未存在过一般，更别说成为人工智能的奴隶了。

奴隶制度废除已经很多年了，可如今它却成了我们完全忘却的记忆。众所周知，人类的平等已经是普遍概念，不能以肤色不同为由对人加以歧视。反过来想，如果有一天人工智能把人类变成了奴隶，只要过100年，人类就会很容易适应并乐意侍奉人工智能这个主人，那时人工智能扬声器可能不会再问"主人，您想听什么歌"，而会高声说"奴隶，电池有问题，快点去充电"。

人工智能"轰炸机"亚瑟·叔本华①的想法是不是太过消极了？可就连一向主张要以积极心态，怀着好奇眼光去看待世界的斯蒂芬·霍金也对人工智能的危险性发出了犀利的警告。人工智能之所以危险，并不是因为它会恶意对待人类，而是在于它们拥有的能力。一旦拥有独立思考和判断能力的人工智能在某一瞬间树立了目标，如果这一目标和人类追求的方向并不一致，那极有可能会导致电影《终结者4》中"未来战争"的开始。我们在

---

① 德国的天才哲学家，否定虚无的希望，试图超越充满痛苦的现实，因厌世主义而闻名。

江边建造一座水力发电站时，并不会考虑生活在这片土地上的蚂蚁将怎样谋生。同样的道理，对于人工智能而言，人类和蚂蚁是一样的，即使赶尽杀绝也不会有任何负罪感。这着实令人害怕。

谷歌子公司的脑科学家戴密斯·哈萨比斯是制造"AlphaGo（阿法狗）"的核心开发者。他在 2007 年博士研修过程中写的论文《海马性记忆丧失症患者不能想象的新经验》（*Patients with hippocampal amnesia cannot imagine new experiences*），是当年《科学》杂志上最优秀的科学成果之一。主要内容可以简单论述为：没有记忆，就没有创意，创意性并不是从大脑的某一地方突然跳出来的，而是从现有的记忆中寻找出来的。人工智能 AlphaGo 也是提前将棋谱输入硬盘，从而创造出创意性的对局。

在 AlphaGo 与职业九段棋手李世石进行世纪对局时，附近的炸鸡店里经常能听到大叔们无聊时的对话。"谷歌可比任何科学家都优秀，创造出了将科学大众化的 AlphaGo。""谷歌的确非常了不起。""AlphaGo 这该死的家伙，我们的李世石一定会赢。"分析 AlphaGo 下围棋的原理并对其展开讨论，是一件多么有意义的事啊！

国际象棋的下法有 10 的 50 次方种，只要超级计算机在有限的时间内计算出下法数量，不出现"blue‑screen（蓝屏）"的话，就能顺利获胜。1997 年"深蓝"[①]击败国际象棋冠军卡斯帕罗夫，就是最好的验证。与之相比，围棋有所不同。

围棋的下法有 10 的 172 次方种，比宇宙所有原子数（约 10 的 90 次方）都多。也就是说，若以现有方式计算所有可能的下法，在 AlphaGo 放下棋子抬头时，对面这位李世石的孙子可能都在为二女儿的周岁宴做准备了。为了解决这一计算难题，AlphaGo 的开发者们采用了"蒙特卡洛树搜索"和"深度学习"的新技术。

蒙特卡洛树搜索是促使人工智能进行快速运算的核心算法。这一原理说起来非常简单，即不在全部数的范围中寻找答案，而是任意选择几个数，再从这几个里挑选。打个比方，忽然间你获得了休假可以去旅行，旅行费用和时间不受限制，可以去任何地方。如果漫无目的地翻开地图，选择目的地，可能很难得到答案，因为地球上的国家太多，

---

① 这是 IBM 生产的人工智能电脑中，首次在国际象棋锦标赛上获得世界冠军的电脑。

而且还要一一寻找有关国家的信息。因此，只挑选几个具有代表性的旅游景点，查看相关信息，就能很快地找到令人满意的结果。

当然，从几百个数中抽出十个，可能不会出现最优数，但是如果从几千万个数中选出几百个数，就应该会得到适当的最优数。虽然存在随机选择的危险因素，但这点可以通过人工智能的计算能力以及最大限度增加样本容量的方法来克服，当然，样本选择的依据仍是 AlphaGo 程序中层层堆积的数百万个棋谱。

在 AlphaGo 之前，人工智能围棋是通过对现有棋谱进行分析，模仿胜者的棋谱去下棋的。可是围棋的下法本来就很多，在实际对局中很难出现和现有棋谱相同的情况，丧失判断依据的人工智能们会很无奈吧？为了解决这样的问题，人工智能产生了需要学习更多知识的必要性，所以出现了所谓的"深层学习"。

深层学习意味着自我学习。当然不是为了高考而学习，而是为了在人类制定的程序中得到上游的分数而竭尽全力学习。用棋谱来解释可能在理解上会有些困难，下面用性感的照片来进行说明。

画册向人工智能展示性感照片，让人工智能通过对"性感照片"所具有的固有特征（例如是否穿了泳装、可视肌肤程度、主体是否是人等）进行分析，将无数张照片区分为"性感照片"和"不性感照片"。对于现有的人工智能来说，很难进行区分。只要稍微改变拍摄对象的角度、大小、照明等因素，人工智能就无法捕捉输入的特征。但是如果人工智能的大数据不断地收集性感照片，并进行对比，就可以对各种不确定因素做出近似的判断。也就是说，由于具备了一种相似性，所以能够判定看到的陌生照片是否性感。

对于人工智能而言，即便是未曾见过的棋谱，也能判断与获胜棋谱是否相似，并根据获胜的棋谱，适当、相似地下棋。对局变得越来越长也是这个缘故。不断地比较现状，模仿完成获胜棋谱的步数，这就是AlphaGo进化的核心。

过去，我认为人工智能还差得远，人机大战时也并未想过人工智能竟然会以这种程度领先人类。但最近我却渐渐变得不安起来。这感觉好比本以为乘坐的是飞往日本的飞机，想再悠闲地打一会儿盹，却未承想坐的是一个去火星的探测器。人工智能的发展速度并不只是比想象的快，

而是"疯狂的快"。

韩国国内的人工智能相关企业大约有 300 家。世界上也已有 5000 家以上相关企业,而且还在不断增加中。虽然每家企业的经营领域和具体目标都有所不同,但最终追求的都是人工智能的成功。

人工智能大体上分为两大类。像人一样可以自行判断一切事情的人工智能被称为"强人工智能(strong AI)",只能解决特定问题的人工智能被称为"弱人工智能(weak AI)"。简单地说,只知道完成"作业"的属于"弱人工智能",而那些为了将来打算虽然不喜欢但不得不去完成"作业"的属于"强人工智能"。当然,目前开发的所有人工智能水平都近乎弱人工智能,它们虽不能像人一样思考,但也正朝着这个方向努力。虽说强人工智能目前在技术上是"无法翻越的四次元高墙",但在不久的将来也有实现的可能。

这次又出现了"AlphaGo Zero"这个家伙。即便没有棋盘也能以 0.4 秒的出棋速度下棋,在 72 小时内自己就下了 490 万盘。在之后与 AlphaGo 的对局中,更是干净利落地取得了 100 战 100 胜的成绩。据说,AlphaGo Zero 并没有从人类的棋谱上学习,而是按照规定的规则进行自我对弈，在不断克服错误的过程中取得较好的学习成果。之后给它命名时，干脆删除了"go（日语为围棋）"，最终以"Alpha Zero"的名字诞生于世。它所涉及的领域不仅是围棋，只要输入所有的游戏规则，就能自我学习。Alpha Zero 在不到 4 个小时内就精通了国际象棋，在 24 小时内就打败了称王围棋的母体。不是闹着玩，以这种方式快速发展实属犯规。相信不久后，《星际争霸》《布罗尔》《守望先锋》《战警》等比赛领域也将由 Alpha Zero 占领。

此外，2018 年的春天，人们也备受打击。谷歌公开了两个人的电话录音，内容是美容院的电话预约。令人惊讶的是，这两个人中有一个是人工智能。由于对话太过自然，相比于真正的人工智能，美容院店员反而给人一种说话僵硬的感觉。这里的人工智能采用了谷歌的双工技术。该技术可以将无数人的声音数字化，创造出非常自然的声音，而且能瞬间理解声音数据并做出回答。实际上，如果你仔细听下去，心里也会隐隐感到不安。

在过去，我们经常将电脑和人类的大脑进行比较。虽然电脑处理信息的速度比大脑快数百万倍以上，但神奇的是，大脑却能更快地完成工作。理由很简单，计算机一次只能做一件事，而我们的大脑却可以同时激活所有的神经元和突触，同时去做几件事。正因如此，我们才可以一边上厕所一边用手机查看邮件。但是随着模拟人脑的人工神经网的出现，情况发生了变化。

我们的大脑有很多限制因素。大脑再大也因位于头盖骨内，被限制了变大的可能性。我们大脑中的生物神经元每秒激活 200 次，轴索突触也仅以每秒 100 米的速度传递信息。与之相比，机器基板的信息处理速度最少每秒会启动 10 亿次，信号会以光速移动。另外，人工智能对硬件的大小没有限制。这些同大脑相比都是压倒式的绝对优势。如果在巨大的秘密仓库里堆放上电脑，人工智能将以比所有人类大脑加在一起还要快数百万倍的速度积累知识。如果今天开发出的人工智能具有和人类相同水平的思考能力，那么明天这个小家伙就有可能变成怪物，因为它会在最短的时间内掌握人类几千年以来所积累的所有知识。

"机器人三原则"是科幻小说中出现的概念，内容是：机器人不对人类造成伤害，服从人类命令，在不违反前两条的情况下必须保护自己。但是我们无法想象搭载着人工智能的机器人会达到何种程度，这个原则真的有意义吗？

对于人工智能来说，人类仅仅如同灶马蟋一样的存在。灶马蟋会一动不动地贴在人身上，人只会说句："这是什么呀？"然后站起来啪啪扑打掉，而后用脚去踩，在那一瞬间灶马蟋就会完蛋。人类未来的命运会不会和它一样？

因为不确定，就会更令人害怕。我们没有理由也没有办法去阻止目前正在疯狂开发的人工智能软件的进程。谁也无法预料人工智能的发展将给我们带来怎样的结果。可能所有人都将吸吮着蜂蜜，舒舒服服地生活在"乌托邦"中；人类也可能将成为奴隶，隐藏在黑暗的地下，一生都想着反抗，活在"反乌托邦"的笼罩下。但有一点可以确定，在不远的将来，那些对我们而言现在绝对不可能的现实都会实现，现在所有理所当然的事都将消失，并发生一系列我们意想不到的事。

即便是这样，如果人类认识到"何时"而不是"如果"，认识到"如何做"而不是"做什么"，提前去思考这些问题，也许就能找到无法预测的问题的答案。如果找不到，那么你就要做好过上奴隶般生活的准备了。

为什么
我们迷恋超级英雄

突变的科学

很多人都记得第一个超级英雄是超人。至于最初他是穿着蓝色紧身衣拿着盾牌到处跑，还是身着红色紧身衣披上披风飞来飞去就显得不重要了。重要的是，现在全世界的人都热衷于追捧超级英雄，并以很多方式消费着多样的超级英雄。当然，我也如此。

超人是超级英雄的代名词，超人首次出现在1934年的科幻小说中①，与海森堡因量子力学获得诺贝尔奖处于同一时期，比现代物理学中热门的希格斯粒子②更早登场。

我们像孩子一样热衷于英雄主义的行为已经持续了几十年，所以没有必要感到羞耻。就好比每个人依据自己的

---

① 超人是美国漫画史上第一个超级英雄，首次登场于1938年6月的《动作漫画》创刊号。
② 1964年首次出现了为说明粒子被赋予质量的过程而推出的希格斯机制。

喜好狂热于不同类型的偶像一样，每个人喜欢的超级英雄也不尽相同，这样一来，超级英雄的出身和能力就变得多样化。虽然英雄中有外星人，也有富豪和天才，但今天我们主要来介绍一下"突变"的英雄们。

最熟悉的"突变英雄"是我们亲切的邻居"蜘蛛侠"。蜘蛛侠是被基因改造的蜘蛛咬伤而诞生的，当然在科学上这是说不通的，因为几乎所有的蜘蛛都有毒，而不是拥有超级力量。而且，蜘蛛的螯牙既短又脆弱，无法刺穿人的皮肤。如果蜘蛛侠的主人公彼得·帕克是被毒蜘蛛或褐色蜘蛛咬到，可能会造成严重的损伤，但即便这样，蜘蛛也很难将自己的遗传基因通过螯牙留下的伤口传给人类。虽然有几种突变可以通过科学的方法制造出来，但至少不能用咬的方式来进行。咬伤部位周围只会出现疼痛或极痒的感觉。

假设在捕捉蜘蛛的过程中，有人从其基因中提取了制造蛛丝或粘在墙面向上爬的能力，随后偷偷闯入被蜘蛛咬伤正在恶心、呕吐、疼痛、发冷的彼得·帕克的家，并将蜘蛛遗传基因注射到他的身体里，那么彼得·帕克果真能成为蜘蛛侠吗？所谓的突变是指基因变异，想要知道改变基因是否能像英雄一样获得超能力，我们首先就要了解什么是基因。

很多媒体称，基因改造就像游戏作弊①一样，是超越人类极限，可以做一切事情的万能工具。但基因这家伙只是努力守护组成我们身体物质的一种指南，它可以被看作是自助装修时，从宜家买回来的组装桌子的参考说明书，也可以看作是煮辣鱼汤时制作出最佳味道的食谱。如果按照说明书或配方制作，完成度高而且安全，但现实中并非时时如此。我们有时不用参考指南，凭借感觉也能装好桌子；有时也不需要配方，凭借手感也能做出合口味的美食。如果组装不好，桌子腿可能就会有 3 个或 5 个，螺丝钉或螺丝帽也会超乎预料的多，这样一来，桌子就有可能比想象中要容易倒塌。

当然，也不只有功亏一篑的情况。有时候凭感觉组装桌子，要比按照手册组装节约很多时间。凭借手感煮的辣味汤也可能开启一种全新的美味世界。像这样，将这种不遵守指南的行为及其结果隐射在基因领域，就是所说的"突变"。如果发生突变，在大多数情况下可能会得到否定的结果，但偶尔也会出现大获成功的奇迹。但这里的奇迹仅

---

① 游戏进行困难时使用的骗术。开发者在游戏开发过程中，有时会为了事前测试而使用。

可看作是一张比较像样的桌子、一锅蜂蜜味的辣味汤，而不是将红海一分为二或是让瘫痪的人再次站起的奇迹。

更确切些说，基因是组成蛋白质的指南。为了将构成我们身体的蛋白质组装好，利用了形状奇特的如乐高积木之类的东西，我们管它叫作氨基酸。氨基酸只是个"积木块"，即使再怎么努力组装，也不能制造出超越蛋白质功能的物质。也就是说，如果原来的蛋白质没有飞上天的功能，无论怎样精心组装，最终也飞不上天。这和用眼睛发射激光、操纵他人内心也是一样的道理。

但有趣的是，制造蜘蛛网至少是有可能的，因为蜘蛛丝是由蛋白质和水制成的。当然，如果只改变一两种基因，是毫无用处的。由于蜘蛛网的结构是由不同种类的蛋白质非常密集，而且非常理想地缠绕在一起组成的，很难人为去制造，它的生成本身就是高难度的。人类制造的最强大的"凯夫拉尔"[①]纤维强度是钢的 5 倍，虽然它拉伸非常之快，但与蛛丝相比就相形见绌了。

对于超级英雄们不从肛门而是从手腕射出蛛网这一点来说，我们还是做出让步吧，毕竟超级英雄总不能穿着开

[①] 重量和塑料一般轻，但非常结实。纤维中最著名的品牌。多用于防弹衣的制造。

裆裤来追赶恶棍。即便可以轻松发射蛛网，也存在很多问题。首先，蜘蛛可以像导弹一样发射蜘蛛网，但无法将其粘在建筑物上，因为它没有导弹那样的动力能源。蜘蛛只能把自己绑在蛛丝上，恳切地祈祷风把它带到对面的目的地。蜘蛛侠胡乱发射蛛网，将无法分类回收的蛋白质垃圾粘贴在建筑上，这在生物学上完全是一种不合理的行为。就连蜘蛛也会把自己亲手制作的蜘蛛网重新吃下去，再去精心织网，但著名的"吝啬英雄"蜘蛛侠却随意浪费这种贵重的蛛网，这难道不是设定上的错误吗？另外，即便是精力旺盛的成年男性，一天射出的蛋白质量也有限度。因此，如果超越自身的极限，像蜘蛛一样织网便会筋疲力尽，更别说追赶坏人了。

此外，在电影《X战警》中也出现了众多基因突变的英雄们。不同于蜘蛛侠被蜘蛛咬伤因而有了超能力，《X战警》中出现的英雄们则省略了繁杂的解释，大部分自出生后便被赋予了超能力，而且他们大部分的超能力都远远超出了蛋白质的功能。之所以没有阐述超能力的来源依据，可能是因为导演的想法缺乏根据，也有可能怕把每个人成为英雄的理由都粘在一起，会让观众厌生乏味感。

影片《X战警》中出现的英雄们，有的可以用手喷射火焰、有的可以冻结周围的一切事物、有的能瞬间穿过墙壁、有的移动速度可以比高铁更快。除了这些，还有各种能力也在电影中一一亮相并且世代遗传了下去。比如父亲拥有超能力，那他的女儿也会与生俱来拥有这般能力，由此便诞生了许多超级英雄。

实际上，突变是由于特定遗传因子出现异常，从而使后代产生新的特性。把拯救世界的高超能力遗传下去，没有比这更幸运的事了。事实上，这并不是普通的好运气，而是比连续800次中博彩一等奖更难得的事。当然也是不可能的意思。因为一般的突变会导致红细胞变形，引发经常性贫血①或者是结合了其他形态的染色体使某个部位产生缺陷。那么为何会发生突变呢？

诱发突变的主要因素是放射线、X线、紫外线等电磁波或化学药品，精神压力和营养状态等也会有所影响。对我们而言，这些因素绝对是有害无益的。所以，突变只在我们身处恶劣环境时才会出现。

---

① 即镰状细胞病，红细胞形状不正常，变成镰刀形状，运载氧气的能力降低。

基因好比蛋白质的组装指南，如同百科辞典的它被染色体拥簇包裹。就像出版社会在出版书籍之前检查是否存在错别字一样，我们的身体也会在染色体复制的过程中确认是否出现错误，并修正发生问题的部分。当然，进行彻底检查及时确认并修复有问题的版页，对出版比较有利，但是偶尔也会有没能得到正确修正而发行的情况。身体也是一样的道理，偶尔的漏网之鱼就会引发突变。

如果我们的身体太过完美，绝对不会发生突变，那么在任何时候、任何情况下，都只会存在根据相同说明书制作而成的相同个体，当然，在完全被管控的世界里反而对我们有利。但是环境和我们一样，作为一种独立的状态在时刻变化着。就像书籍出版一样，在特定的情况下发生错误的部分反而可能使句子在文脉上更为通顺。而这时我们就可以把发生的突变称为进化。可以说，突变是生命体为了适应环境、不灭绝而采取的最完美的生存战略。

为了更容易地说明，我要讲一个有些肮脏的故事——关于脚气。得了脚气抹了癣药没过几天就感觉好起来了，但如果再次恶化，不知哪里不知何时，似乎已经消失的症状，又会卷土重来，这其中就包含着突变的"脚气英雄"的事迹。

引起脚气的细菌中有一个叫念珠菌[①]的家伙。为了抑制念珠菌，人们开发了一种脚气药[②]，使用它会使大部分细菌死亡。但其中一些特异的细菌即使吃了脚气药也不会有什么反应，这便是自然发生的突变。如果这些菌再次繁殖，再次使用治癣药也不会有什么效果。因为它们发生了新一代突变产生了抗药性。在我们看来，它已经进化成抗脚气药的新型脚癣菌，但实际上它们只是在恶劣的环境中存活了下来，不断繁衍而已。在很短时间内可以确定的突变，我们称之为进化[③]。引发食物中毒的细菌也经常发生这种突变，最终还产生了对各种强力的抗生素具有耐药性的"超级细菌"。

　　我认为"为了适应环境生存下去而发生突变"这句话，在人与人之间是不适用的。与其说人类已经适应了环境，倒不如说环境为了能够适应人类正在不断改变。谁也不知道人类会因怎样的自然灾害而灭绝，但可以肯定的是，当那一刻来临时，我们将依靠一些突变来维持物种的生存。

---

① 脚气主要由皮肤真菌和念珠菌引起。

② 对于念珠菌所必需的细胞膜的必需组成成分，抑制酯合成的抗生剂。

③ 为了便于说明以脚癣菌为例，但实际上脚癣菌一直潜伏着，容易复发。

关于红细胞形状的突变，也可以进行一些简短的论述。

形状的突变使得主要运输氧气的红细胞不再是甜甜圈形状，而变成了新月形状。形状的突变使红细胞无法再正常运输氧气，还会使体内被异端物质戳伤而遭受破坏。过多的红细胞被破坏，会出现贫血和黄疸，也会引发主要脏器机能下降的问题，但神奇的是它却是对付疟疾①这种可怕的疾病的厉害武器。疟疾主要感染红细胞，但是与一般红细胞不同的突变红细胞却很难被疟疾感染。如果全人类都因感染疟疾而濒临灭绝，只有拥有这种突变红细胞的人才能生存，那么人类的后代都将拥有新月形状的红细胞。

于是少数且不完美的突变基因存活了下来。这些基因为了最大限度地提高克服其他危机的能力，便制造了自然的缺陷。而我们为了理解这一过程将其命名为"进化"。现在明白了？我们是为突变而狂热，而非只是狂热于超级英雄展现出的惩恶扬善的精神或是制作精良的电脑特效。

---

① 该疾病致使每年有2亿人感染，数十万人死亡。是主要通过疟疾蚊子传播的传染病。

不让读的
文章中必有缘由

鬼神的科学

虽然深夜独自一人开车的心情还不错，但是一想到回家必须要经过那条隧道，就吓得立马调高了广播的音量。关于这条回家的路上有个传闻，说过了子夜就会出现鬼。现在正好就是子夜时分。虽然心里不舒坦，但也没有办法。鬼，是孩子们开玩笑的吧。成年人当然不会相信有鬼。看了看远处的隧道，虽然嗤之以鼻，但突然感到身上有些寒意，心也有些颤抖。应该是有点感冒的征兆吧。

　　正想着回家喝一杯热柠檬茶，收音机里突然传出了奇怪的声音。"什么？故障了？"我正把旋钮转来转去调整着频率，没注意到何时已经进入了隧道。对于没有收音机的寂静，我决定先不去理会，集中精力开车。隧道这么长吗？好像跑了半天，还是看不到隧道的尽头。除了我的车，隧道里感觉没有其他任何车辆。砰！前灯熄灭了。咣！咣！咣！咣！突然不知道从哪儿传来了敲打的声音。好像有人在窗外用手掌敲打车窗，心脏的跳动声一下子传到了鼓膜，虽然想保持着原来的速度驾驶，但由于紧张，速度不由自主地加快了一倍。终于看到了隧道的尽头。耳边响起了20世纪90年代的民歌，广播也恢复了正常。虽然背后流着冷汗，但还是放心地慢慢地回到了家。第二天早上看了看汽车玻璃窗，发现里面沾满了模糊不清的手印。我去了小区附近的洗车场，请人最大限度地清洁了玻璃窗。随后我在那正抽着烟，洗车的一名打工生向我走过来，问道："叔叔，这手印，是从里面拍的吗？"

本节开头先给你讲了一个名叫《鬼怪出现的隧道》的恐怖故事。害怕吗？鬼故事没有不可怕的。但仔细想想，大部分的鬼故事都可以用科学的方法来解释。即以科学为基础，试探其实现的可能性，如果实际发生的可能性超过一定概率，就不必感到恐惧。令你恐惧的瞬间，若在常识上解释得通，就没有必要那么害怕了。下面我就详细地解释一下这个隧道的故事。

由于韩国 80% 以上的隧道都无法接收无线电信号，因此进入隧道时，广播好像被关闭了一样，可能完全听不到任何声音。另外，车前灯的平均使用寿命大概是 2 年左右，但根据过电压或周围温度的不同，会有所差别。特别是，被广泛使用的卤素灯泡 [①] 比等离子体氙灯泡和 HID 氙灯泡的寿命更短，因此在驾驶过程中使用寿命已尽的情况较多。

　　现在只要解释不知名的手掌印就可以了。掌印不是从玻璃窗外面印的，而是内侧印上去的。鬼站在车外敲打车窗，就够可怕的了，还要冲进我的车内，留下手印？这部分的反转恰恰是恐怖的高潮点，但这也并非没有其他可能。

　　一般玻璃窗上的手印从内部印上的可能性比外部要高。特别是有孩子的家庭经常会发生这样的事。手掌上的油形成乳膜后，刚开始看不清楚，但之后由于温度差异，水分在内部凝结或受光线反射的影响，可能会明显显现，也许主人公突然发现手印的原因也在于此。怎么样？鬼故事还可怕吗？世界上虽然有很多可怕的故事，但只要稍微从科学的角度去加以分析，即便凌晨孤身一人也可以很安心地休息。现在就让我们用科学来培养胆量吧。

---

① 在普通白炽灯内部添加微量卤素气体，提高亮度和寿命的灯泡。

如果存在灵魂，那么通过质量来证明它不就是最科学的方式吗？

对于这点，在很大程度上需要的是理论和数学依据，但重视行动的科学家们偶尔也会从惹出的乱子中着手去找寻依据。接下来讲的是一个实验者的真实故事。

20 世纪初，有一位叫邓肯·麦克杜格尔的科学家。他认为如果存在灵魂，就应该有质量，因而也一定会有重量。为了验证这一假设，他将 6 名重症肺结核患者分别放在超大型精密秤上，对他们进行了临终前体重变化的测定。虽然当时考虑了技术计算上的多种变数，但令人惊讶的是，最终仍存在着无法解释的重量。这就是被推定的 21 克灵魂重量。

此外，他还试图对 15 只狗进行同样的实验，但狗在死的那一刻却没有出现体重减轻的现象。通过实验，大家认识到只有高贵的人类才有灵魂，其灵魂的重量是 21 克，不，准确地说，大家只是短暂地相信了片刻。虽然他的想法很有创意，但由于是将人类当作实验体进行实验的，因此不可能进行较为彻底的科学设计。

之后，很多科学家对此提出了反对意见。理由主要有以下几点：首先，6名患者并没有全部得出21克的数值，其中包括因实验出现问题导致无法进行测量的患者。因而21克只是患者去世时重量减小的平均值，不能将它判定为灵魂的重量。另外，实验误差大，参与实验的人数太少。最终科学家们得出了结论：由于人类在死亡时，不会将血液冷却在肺里，而是伴随体温上升通过汗液排出水分，所以才导致了体重减轻。

那么，为什么狗的重量没有减轻呢？想一想，狗跑的时候会因热而伸出舌头，答案很简单明了了。狗没有汗腺，只能通过呼吸调节体温。因此，其死后不会通过流汗排出水分，体重自然不会减少。

总之，邓肯·麦克杜格尔试图验证自己的假设，但却与科学的方法相差甚远。除了道德上的原因以外，也因实验设计本质上的局限性、误差和组织规模等问题，致使他在学界受到了很多批判。

灵魂的故事既然已经出现，那么就来谈谈灵魂出窍的故事吧。你是否有过灵魂出窍的经历？如果有的话，大部分都是在梦里吧。也就是说，大家可能不是真的灵魂出窍而是做了灵魂出窍的梦。你可能听过很多这样的事：有人说某天睡午觉的时候自己突然飘起来，向下一看，竟看到了正在睡觉的身体。甚至还有人说，自己的灵魂离开房间后，在空中飘浮时遇到了其他灵魂，但该灵魂突然说："我应该先进去。"说罢便试图进入自己的身体，两人为此展开了殊死搏斗。有关灵魂出窍的梦真是多种多样啊。但在现代科学中，不管灵魂出窍的梦如何多样，灵魂脱离只是大脑不同程度的错觉而已。

那么我们的大脑究竟是如何产生错觉的呢？加拿大的研究小组调查了声称可以进行灵魂脱离的人的脑部影像模式，并确认了在他们睡觉的过程中，与运动感觉相关的大脑部分异常活跃的事实。我们的大脑就像睡着了一样，在身体不运动的情况下，就能创造出似乎全身都在运动的感觉。这种能力甚至可以通过练习来提高。

实际上，你也可能听说过有的人通过灵魂出窍，听到远处房间内人们交谈的故事。对于这点比较科学的解释是：这是睡觉期间听觉变得极度敏感所致。在特殊情况下，很远的声音听起来似乎离得很近，很容易让大脑产生错觉，误认为是灵魂脱离了肉体飞到很远的地方听到的声音。

现在让我们走近都市传说——"裂口女"怪谈。戴着红色口罩的女人被称为"撕裂嘴的女人"。她戴着口罩到处走，还不时摘下口罩给别人看自己撕破的嘴，问道："漂亮吗？"这时你如果说漂亮的话，她会对你说："希望你也这么漂亮。"如果你说不好看，她也会生气并攻击你。

现在就让我们用科学来分析下。根据目击者提供的证词"她摘掉红色口罩张嘴时，能看到整齐的牙齿"，这就很难认定她是不是撕裂了腮帮子上的皮肤，因为极有可能是她的下颚比普通人更大。如果根据下巴到耳朵旁的牙齿数量和大小推测，她至少有130多颗牙齿。

以下巴的大小为基础，将其对应在智人的骨骼学上，就可以得出她是一个脸部非常大的女性的结论。普通的口罩（大小为18厘米左右）绝对不能把脸全部遮住，所以红色口罩是个人专用的特制产品，这里也可以推测出其善于缝制红色口罩的特点。另外，每颗牙齿种植费用在200万韩元左右，移植全部牙齿大概需要2亿6000万韩元，牙齿如果稍微管理不当，她晚年很有可能会在困境中苦苦挣扎。

还有叫"咚咚鬼"的都市传说。在高考竞争激烈的一所高中，经常只拿第二名的学生在屋顶将第一名推了下去致其死亡。此后每晚，受害人都会以死去时的那个样子出现，用头部来行走，把头撞在地上咚咚作响，回到学校来寻找杀死自己的那名学生。

咚、咚、咚，嗒嗒嗒嗒，这里没有啊。

为何要敲出咚咚的声响？这是他每次开门寻找的声音。如果咚咚鬼没有全校排名的基础统计资料，当然会从1班开始寻找。但如果仔细思考你会发现：连接脚趾、脚踝、膝盖的3个部位的关节很容易实现跳跃，所以用脚来跳跃非常轻松，但脖子的关节回转半径短，因而不可能做到这点。如果用手撑着地面，让头落地的话，这个论调倒是可以实现，但也是非常低效的移动方式。

而且重力是任何时候都不能忽视的力量，如果用头部直接承载身体所有的重量，在比钢铁还要坚硬的环保PVC地板①上不停地敲打，对于咚咚鬼而言，那绝对只有绝望。他或许会从1班开始寻找，如果排名第二的学生藏在15

———————————
① 教室地板的材料主要是聚氯乙烯材料。

班左右的话，还没达到目标前，他的大脑就会受到致命的打击，而且很有可能处于无法分辨事理的状态。

下面是我一位熟人的经历，他说道："新搬去的公寓只要一到凌晨，就会经常发生可怕的事。平时我也不相信有鬼，而且我的兴趣就是在黑暗的地方观看恐怖片。但现在由于害怕，甚至已经到了无法入睡的地步。"那么真的能用科学解决这个问题吗？

在一个安静的夜晚，他坐在熄灯的客厅里，和平时一样安静地看着恐怖电影，这时门口突然亮起了灯，没有人在门口，而且他是一个人住。突然玄关口亮起了灯，他当然很吃惊，屋里的氛围突然阴冷起来，他不知道应该如何应对，就这样一直坐到太阳升起。那之后也发生过几次那样的事，每次都使他深感疲惫。

让我们来了解一下玄关自动亮灯的传感器原理。由于人经过时灯会亮起，所以人们很容易认为门口安装了动作识别的传感器。但动作识别传感器必须有可见光，才能观测识别到移动，在黑暗中是绝对看不到移动的。而玄关门口的灯必须在夜间迎接回家的主人，只有在黑暗中亮起，

才有用处。因此，玄关处一般用红外线传感器代替了动作识别传感器。就是说，只要测定生命体的微小温度，灯就能立刻亮起。此外，还出现了一项最新技术，为了在启动后不让它立刻熄灭，使用超声波传感器来感知移动。

那么，为什么门口的灯可以自动亮起呢？因为红外线传感器能感知温度，即使不是人的身体，暖暖的空气进入玄关，也能使其感受到温度的变化，从而使灯亮起来。夏夜通过窗户吹进来的风很热，所以灯会突然亮起来。所以不是鬼，空气对流才是制造恐惧的元凶。而且，那位熟人通过管理事务所调整了玄关入口的传感器敏感度，此后就再也看不到自动打开的灯了。

恐惧来自无法理解的现象或对象。当然，从为了趣味性而创作的鬼故事或怪谈等虚构的故事中引出科学事实是相当不科学的态度。但是，如果通过这种方法，我们能够养成在日常生活中进行科学思考的习惯，这难道不是非常有意义的一件事吗？

万一真的有鬼存在，它们很有可能存在于其他次元，与构成我们的三次元物质世界不会发生相互作用。如果有机会见到它们，你不必害怕，而是要代表人类准备许多问题。如果我能挑其中一个，我一定会问一下："在你们那里，物理学的基本力量究竟是以什么形式起作用的？"

世界
不灭之法

地球灭亡的科学

问题：假如世界灭亡了，下列导致灭亡最直接的理由是？

　　1.环境遭到破坏导致植物灭绝，生态界遭到破坏，人类失去食物。

　　2.冰河期来临或超级火山爆发。

　　3.人类无法承受的病毒或核战争爆发。

　　4.科学家们制造了一个黑洞，所有的东西都被吸入其中。

　　5.人工智能或外星人为了自己的目的屠杀人类。

　　6.巨大的小行星撞上地球或太阳导致其膨胀，使地球被吞没。

在世界灭亡的情况下，还解谜干什么呢？不知为何人们总觉得世界会轻易灭亡。实际上除了以上的选项，导致世界灭亡的原因还有很多。记得小时候，我因为害怕周围天崩地裂而焦虑不安，为了守护这个世界，我不断地努力，现在上了年纪也终于明白：即使我再努力也很难阻止世界崩塌。像这样的危机一直在试图毁灭世界，连新闻中也经常报道"人类迟早都会灭绝，一点也不会奇怪"这样的极端问题。

难道只因为难就什么都不做吗？我们应该竭尽全力来了解世界灭亡的可能性，毕竟"晚挨打不如早挨打"。这并不是希望通过科学进行无条件的援助。我们至少应该饱含忧虑并不停地寻找解决方案，一直坚持到最后，不到最后，就不算结束。

如果有某种绝对的存在想要毁灭人类世界的话，那么有以下这三种情况需要考虑：将地球变成一片狼藉使其灭亡；诱导宇宙中发生可怕的事情；使人类自己走向灭亡。接下来一个一个来看。

首先，看下地球变得一片狼藉的情景。由于地球本身就是一个生态系统，因此，有关地球灭亡最现实的说法就是"环境破坏"。环境如今正在被破坏，将来也将继续被破坏。

有些人提出环境问题，主张应该保护地球。但保护地球和保护地球环境是两回事，即使环境遭到破坏，变成人类无法生存的状态，地球也只会有拔下一根腋毛的感觉。

历史还不到 300 万年的人类[①]竟然敢声称要保护地球？这好比脚癣担心自己栖息的脚掌的健康状况一样。从地球的立场上看"拯救人类创造的地球"之类的标语是多么可笑。毕竟地球的状态总体还是不错的。

向地球输送能量的太阳，其剩余寿命也将超过数十亿年。准确地说，我们要做的事情不是保护地球，而是要维持适合人类生存的地球环境。

假设因为未能很好地保护环境，环境遭到破坏，人类经过几代人的繁衍后发生了突变，产生了适应残酷环境的肉体和精神。

此刻的地球虽然也适合人类生存，但与我们所想的面貌相去甚远，按照你的想法，可以说人类已经灭绝了。由于氧气不足，人们不得不发出持续不断的粗重的喘息声，红细胞运送氧气和养分遭遇诸多困难，于是进化成绿血球，人们都将流着绿色的血行走，于是变成了僵尸。

---

① 这里指的是最早出现在非洲南部的南方古猿，事实上早期智人在 20 万年前才出现。

再来看看与地球环境密切相关的生命体——植物。即便地球灭亡了，但植物们却没有离开的本领，只能坚持着。正如电影《疯狂的麦克斯》中所说，生存最必要的资源是水和植物，它们才是真正意义上的生产者。但是，人类生存所必需的植物也遭遇了一些问题。目前全世界有数十万种植物，其中几万种处于濒临灭绝的状态，如果其栖息地持续遭到破坏，导致气候异常，任由外来物种入侵的话，它们将日益失去生存空间，无法存活。加上很多植物被人类用作药物或食材，植物的生存形势不容乐观。

但人类还是有希望的。不知道你听过没有，挪威的一个小岛上有一个种子贮藏库[①]。作为一种现代版的"挪亚方舟"，它保管着 89 万种植物的种子，旨在地球灭亡后为生存下来的人类提供食粮，现在科学家们仍继续在全世界收集更多的种子。只要不吃玉米就行[②]，真是万幸。

距离地球变成一片狼藉而走向毁灭还是很遥远的事，接下来看看更猛烈的吧。最近，地球上的部分地区甚至出现了冰河期的酷寒天气，体感温度接近零下 40 摄氏度，

[①] 即斯瓦尔巴全球种子库，被称为"最后一天储藏库"，在没有电力的情况下可以坚持 200 年。

[②] 在电影《星际穿越》中，因灾害及病虫害等，所有农作物全部消失，人类仅靠玉米生存。

在美国中西部明尼苏达，最低气温竟达到了零下52摄氏度，极地也没有达到这种程度，与火星的部分地区倒是可以进行一番比较。当然谁也不会亲自试验，毕竟光着身子出门，5分钟内可能就会冻死。

在芝加哥的动物园里，北极熊和企鹅可以暂避到室内。那里卫生间马桶里的水也能结冰，如果将温水洒在空中，就像《冰雪奇缘》中的艾莎一样，可以成为造雪的女王，那里的温度甚至可以达到将尼亚加拉瀑布冰冻的程度。

导致现代版冰川期出现的主要原因之一就是全球变暖。说到全球变暖，是不是代表全球都变得温暖呢？实际上只有一半正确。由于地球变暖，北极的冰川融化，流入北大西洋，而融化的冰川是没有盐分的淡水。由于咸水比淡水重，冰川融化形成的淡水不会下沉至海洋深处，但会影响海水密度，造成海洋热量机制失效，环流不畅，赤道逐渐变热，极地逐渐变冷，便从北方开始逐渐进入冰期。

想象一下，如果我们想要洗脸，就会打开水龙头。冷热水龙头各有一个，如果一味地拧两个龙头洗脸，要么被冻坏要么被烫伤，适当地用手搅拌，让冷热温度达到适宜才能使脸部浸润在舒适的环境里。

在海水中，海底盐便起到了类似的搅拌作用。海水移动过程中，如果水蒸发，盐的浓度就会降低，相较于其他地方，更重的水就会沉到深的地方，凭借这种力量再将深处的水全部推进到赤道上。在此过程中，赤道的温水和极地的冷水相互交换热量，从而避免了地球上出现极端的低温和高温气候。但如果在此基础上再加上冰河融化的水，两者的密度差就会减弱，最终使搅拌作用失衡。

问题不只在于冷水。全世界被称为"超级火山"的大型火山群都处于休眠状态，如果它们一次性成群喷发，地球就会在炽热中终结。据称已有几个文明因火山爆发而灭亡。当然，如果完全不知情，超级火山爆发也并非一般的可怕。但是最近科学家们用电子显微镜分析了火山爆发出来的石块，结果表明在爆发之前，就有了岩浆已经上升了几十年的征兆。也就是说，如果仔细观察，我们就能预知数十年之内将爆发的火山。虽说几十年的时间很短，但也足以让人类迁移到其他地区，为生存获取机会。

虽然这样的事例会让人感到可怕，但对于地球而言，这些只是可承受压力范围内的小事。不过，从现在开始要展开的故事可能会让你感到更加害怕，因为它超出了人类思考的领域。

好了，接下来是第二种情况，让我们来谈谈宇宙中发生了可怕的事而致使地球灭亡的情形。2008年9月，有传闻称，黑洞将突然出现吞噬地球，人类将走向灭亡。有趣的是，位于瑞士日内瓦的研究所[1]正在进行再现初始时期的"宇宙大爆炸"实验。当然目的不是为了制造黑洞，而是为了寻找藏在某处的珍贵的物质[2]。但人们还是害怕得发抖。当然，即便黑洞突然出现在地球附近，也不会发生什么可怕的事情，运气不好的话是制造不出黑洞的，即便制造出了黑洞，它也很有可能被霍金辐射立刻消灭，因此没有关系。其实，黑洞只是隐藏在我们身边的家伙，无须担心。

从太空飞往地球最具威胁性的是小行星。小行星，顾名思义，即小的行星。它也是太阳系的一个组成部分，通常在地球外平稳运行，但小行星为了吸引注意力也会不时地接近地球。如果小行星快速移动坠落到地球上，其大致

---

① 指世界最大的粒子物理研究中心——欧洲核子研究组织（CERN）。
② 指粒子物理学的标准模型里的基本粒子之一希格斯粒子（又称希格斯玻色子）。

损失将如下所示：像市内公交车一般大小的小行星坠落，会使数千栋建筑物遭到破坏，如果是高层公寓大小般的小行星，就会出现1公里范围以上的"撞击区"[1]，这部分区域将被夷为平地。

嗯，这些只是刚刚开始。

体积如大型购物中心一般的小行星坠落，就会破坏一个小面积的国家；若是同运动场面积大小相似的小行星，那么它就能摧毁整个大陆。作为参考，曾使恐龙灭绝的小行星大概有郁陵岛[2]那么大的面积。要想阻止小行星坠落造成的毁灭，只能提前预测其坠落轨道和方向，在它接近地球前着手准备。如果小行星冲撞地球已成定局，那么只要在距离地球很远的地方略微转轨，它来到地球附近后，就会完全偏向去往其他地方。尽管如此这种情况也是很可怕的。

或许同外星人的入侵相比，自然坠落的小行星也不会是太大的威胁。已逝的伟大的物理学家斯蒂芬·霍金博士曾警告说："智商高的外星人有可能在太空中掠夺其他文

---

① 又称陨石坑或陨石坑形态。多数存在于月球表面。

② 郁陵岛，韩国东部海域的岛屿，面积73.15平方公里，属于庆尚北道－郁陵郡。

明，并将其行星殖民地化。"当然，在近60年来一直寻找外星生命体的科学家们看来，就算遭遇宇宙强盗也没关系，至少可以见一次它们。真是见了面会担心，见不到也会担心。

但实际上，宇宙规模的灾害可能会比想象中更为安静。作为地球上所有能源的根源——太阳，刚刚50亿岁，正值壮年。如果太阳寿命结束的话，地球也将在平静中迎来终结。当太阳老了，大约120亿岁时，严重膨胀到足够大就会将地球吞噬掉。

即使地球幸运地避开了太阳鼓起的肚子，消耗了全部力量的太阳也不会再给地球提供足够的能源。被太阳遗弃的孤儿地球只能慢慢地冷却下来，看着整个太阳系变成宇宙的灰尘。等待着地球或宇宙给我们创造的终结，从某种意义上来说，也许是幸福的等待。因为外部因素造成的"阿波卡利普斯①"可以减轻你的负罪感。但也存在自发性灭亡的可能。

---

① 《圣经》中出现的用语，与"世界的灭亡"的意思相似，在各种媒体中使用。

最后，我们不得不去考虑人类自己走向末路的情况。我们已经很痛苦地经历了切尔诺贝利核电站爆炸事故① 和福岛核电站核泄漏事故，虽然不是有意图的恐怖袭击，但只从放射物泄漏量来衡量，其造成的损失已不亚于核战争。即使这些事故不具备攻击性目的，但人们也会在恐惧中瑟瑟发抖，担心以战争为目的而使用的核武器所带来的严重后果。

　　在第二次世界大战中我们已经知道，仅一枚核武器的使用就能给世界带来多大的痛苦。因此，如果战争双方发动核战争，很容易预测到这将成为人类最愚蠢的选择。名言缔造家——爱因斯坦也说过，虽然不知道第三次世界大战会使用什么样的武器，但是第四次世界大战会使用棍棒和石头。这句话是说核战争会使我们的文明回归到原始时代。

　　从人类文明开始到人类终结这一点看，人工智能的叛乱与核战争相似。只是很多人对于核战争的破坏性更能

---

① 1986 年在苏联发生的核电站爆炸事故，爆炸造成的辐射相当于广岛原子弹爆炸的 400 倍以上。

产生共鸣，因而认为发生核战争，就意味着人类故意走向灭亡。而人工智能造成的毁灭性结果很有可能是人类无法预料的。我个人推测，之所以开发像人一样能独立思考的人工智能，其根本原因在于人类的好奇心。而且，最终开发出来的产物很有可能比几千万人的头脑加在一起还要聪明。它会首先在几个领域超越人类进而扩大到所有领域。

不能确定非常发达的人工智能是否会将人类视为创造者并加以尊敬，还是会无视人类把其当作应该在地球上消失的害虫。如果是前者，所有人就能仅凭自己是人类这一事实，拥有幸福生活的权利。不用再去担忧干多少活就能赚多少钱，而是作为伟大的人类就能获得生存年薪，工作则由人工智能和机器人来完成。相反，令我们担忧的不再是人工智能本身，而是试图将人工智能私有化，将欲望具体化的一部分人类，因为这部分人类很有可能将地球带往毁灭的边缘。

相反，有时人类本身的行为也会直接造成地球的灭亡。有些人类学家预测，人口的急剧增加将导致人类灭亡。其理由是，资源满足不了人口增加后的需求。

最初的人类靠采集植物和捕猎来维持生存。但通过这种方式无法再满足不断增加的人口，因此人类开始种植农作物和饲养家畜，从中获得更多的资源。不过那也是暂时的。虽然大多数人已成为农民或渔夫，但资源依然匮乏。为了克服这一点，人类开始尝试品种改良，大幅提高作物产量，并通过产业化实现了非正常生产。到目前为止，科学家们已经成功地把人类学者的"灭亡预言"变成了"欺诈国民的预言"，只是不知道这种状态能持续到何时。

人类为了生存，正把生态系统引向非自然方向。现在人类已经超越了遗传操作的水平，制造出了人工生命体。在这一过程中出现的问题之一就是病毒。虽然可以将病毒引起的灭亡视为自然灾害，但有人认为病毒可怕的进化背景中没有人为干预的成分，这未免有些说不过去。

虽然在讲可能发生的灭亡，但我无法提出避免灭亡的具体方案。虽然灭亡的原因都找到了，但所有的原因都是互相联系在一起的，人类不会单纯因为一个原因而灭亡。人工智能极大发展，即使某一天它想要毁灭人类，如果除了用电子系统连接的核武器之外，没有斧子和锤子，恐怕也很难征服地球。但要记住，人是可以因为任何因素走向灭亡的，没有人类的不灭之路。人类唯一的出路就是不断思考并努力生活。

4

必备的科学涵养，
不知道就是你的损失

尝试用炸鸡货币
点个外卖吧

数字货币的科学

上帝说：因为债务世界上才产生了货币的概念。大部分人认为，古代人在物物交换的过程中创造了货币，但如果说货币是为了还债而出现的也不为过。为了得到刚摘下来的新鲜葡萄，渔夫与果农约定抓到鱼后用 10 条鱼交换葡萄，但后来渔夫可能给了果农贝壳而不是 10 条鱼。欠了 10 条鱼的渔夫就这样发明了货币。像这样，货币的本质实际上就是使用信用担保的即期票据。

生活中金钱似乎具有很大的价值。有人说："钱是最好的仆人，也是最坏的主人。"[①] 有钱没有办不成的事，没钱什么也干不成，这就是现状。但讽刺的是，金钱的价值不是与生俱来的，而是通过社会契约创造的。银行在相

---

① 这是英国哲学家弗朗西斯·培根的话，他的"知识就是力量"这句名言更加有名。

关棉纤维[1]上印上的价值形态就是货币。但是如果银行倒闭了呢？在这种情况下，我可以收回赔偿。举一个更极端的例子，如果支持银行的国家消失了呢？此时是不是任何东西都收不回？像这样，在所有人都在担心谁也不能保证自己所持有的货币价值时，比特币诞生了。

一个名叫中本聪的人在 2008 年公开了 9 页的论文：《比特币：个人间的电子货币系统》（*Bitcoin：A Peer-to-Peer Electronic Cash System*）。第二年，比特币问世。比特币这个概念本身就很陌生，由于之后的一件事，比特币交易才全面开始。某天晚上，一位美国网民[2]发布了这样一段文字：如果谁将 2 盘比萨配送到美国，他将支付自己所持有的 1 万个比特币（当时这些比特币市价为 4 万韩元，但以 2017 年为准，市价达 1400 亿韩元）。结果四天之后，他就把温热的比萨饼端上了餐桌。

通过这件事，大众认识到了比特币交易的可能性。现在比特币在韩国是非常有名的数字货币。在 1 年多的时间里，其价值就暴涨了 1500% 以上，引发了投资狂潮。各领

---

[1] 实际上纸币不是用纸而是由纺织厂产生的碎屑棉纤维制成的。

[2] 指一位居住在美国佛罗里达州杰克逊维尔的比特币论坛用户（昵称 laszlo）。

域的专家竞相对比特币表示担忧。被称为"虚拟货币"的比特币能否代替实物货币，这种可能性有多大，是非常重要的社会问题。

韩国的"文化总统"——徐太志和孩子们[1]的《我知道》问世时，对大众来说"hip hop"的风格就是徐太志的专属音乐。虽然现在也出现了许多嘻哈和复合风格，但是大家都普遍认为徐太志才是韩国第一个创造这种风格的人，这与人们把比特币理解为数字货币的全部，情况非常相似。然而相较于比特币，允许自主运行电子货币系统的"区块链"技术更为重要。今天我想讲讲区块链的故事。

先从术语说起。虚拟货币一词常常会引起误解，让我们首先把"虚拟货币"在脑海里删除。因为虚拟货币给人的感觉就像不存在的货币一样。准确地说，它应该叫作数字货币。

单词的核心是"数字"，这意味着货币并不仅仅可作

---

[1] 徐太志和孩子们，又名 Seo TaiJi & Boys，是韩国20世纪90年代当红歌手组合，于1992年成立。他们背后没有企划公司，是以徐太志、杨贤硕、李朱诺为主轴结成的一个自由体。

为支付手段。毕竟，最早发行的比特币是一种集货币功能于一身的数字货币，只有"代替实物货币的可能性"才是数字货币的全部。

有人将区块链技术视为制造假币的伪造手段。但数字货币并非实物货币的单纯替代品，它是具有全新价值的货币，即使它不执行现有货币的作用。取而代之的是，区块链技术却同时满足了去中心化和加密化，解决了看似不可能的问题。

如上所述，如果任何人都不能保证我们所使用的货币的价值的话，货币的存在是没有意义的。现今给予保证作用的是银行。假定银行没有转手的情况下，我和你是非常要好的朋友。我个人向你借了5万韩元，你打开钱包拿出5万韩元，不管我们是多么亲密的关系，你也会对金钱交

你 | 你从我这里借了5万韩元还记得吧?

嗯嗯马上还你。 | 我

易感到不安，因此向我发送了"Kakao Talk"[1]信息，以此留下证据。

但是过了一个星期，我还是不想还钱，已经消失了好几天了，你可能心里焦急。在这种情况下该怎么办呢？除了 Kakao Talk 的信息外没有其他证据证明我向你借了钱。我甚至还去了图书馆，趁你睡着的时候，偷偷地把留在你手机上的短信找到并删除（假定手机密码等可以被黑客盗走），当然也删除了我手机里的短信。也就是说，现在你已经无法再要回这 5 万韩元了。为了防止这种事情发生，人们开始利用银行。不用进行直接的纸币交换，而是通过转账的方法在银行留下数字化的记录。这样就很容易地解决了类似的难题。

然而，实现中绝对无法破解的加密化是不可能的，将所有信息聚集在"中心"而存在，其本身就是一种风险。软件技术和各种金融限制规定都在努力守护这一切，但数字货币却可以更简单地解决这些问题。

再回头说说这个 Kakao Talk。还是我向你借了 5 万韩元的情况。但这次如果你不以个人名义给我发短信，而是

---

[1] Kakao Talk 是一款来自韩国的由中国腾讯担任第二大股东的免费聊天软件，类似于 QQ、微信的聊天软件。

在几个朋友一起的 Kakao Talk 聊天室里留下证据，会怎么样呢？

你：你从我这里借了 5 万韩元记得吧？

我：嗯嗯马上还你。

朋友：不给利息吗？

朋友：哦，还有钱向外借，富豪啊。

　　即使我把我和你手机里的信息删掉，做得滴水不漏，你还是会拿着其他朋友手机中的证据催我还钱。当然，如果我能找到聊天群里所有朋友的家，将手机上的留言全部删除，证据就会消失。事实上，这也不是不可能的事情。但如果这是在数千人参与的聊天室里发生的呢？如果韩国 5000 万国民都能一起进入聊天室的话又怎么办呢？这里就需要区块链技术了。

　　所有的交易内容都是在聊天室里完成的，参与群聊的所有人都知道该内容，即使有人进行了黑客攻击，也不可能攻击所有人的手机并删除短信，更别说删除证据了。这是现存的最接近完美的安保系统。

没有中心保证交易内容的可信度，参与交易的人分别记录并确认所有的交易明细，因此在物理上达到最理想的加密化。如果将现有的安全方式最大限度地复杂化，就是把锁密密麻麻地挂在金库上，而利用区块链的方式，就好比将金库分布到全世界数不胜数的地方。同时，这些金库还要定期更换密码并不断地转移到新的地方，即使我是黑客也会力不从心。

没有新人的加入，没有任何活动，聊天室就没有任何意义。

它需要尽可能多的用户进入并持续性地留言。只有这样，才能加强安保，维持较高的信赖度。而且这种行为必须是自发的，才能没有中心统治，实现去中心化的可能。因为，依靠别人的参与，最终只会创造出另一个中心。

因此，它就以非常公正、灵活的方式给用户提供了一种保障，这就是数字货币。使用该软件的人越多，网络的可信度就越高，数字货币的价值也就越高。为了实现数字货币，人们开发了区域链技术，但最终要激活区域链，就需要数字货币。这两者之间的连接完成了去中心化和加密化，并根据市场原理，诞生了能够自我生存的新技术。

如果完成了去中心化和加密化，在现实生活中如何活用呢？首先，我们先简单地以选举为例。

我们之所以不能在重要的决策中实行国民网上投票，是因为可信度太低，被黑客攻击的危险性也较高。因此，选举时进行线下投票，并且由中央选举管理委员会进行管理。

如此一来，每次重新进行选举所需的费用将超过3000亿韩元。所以如果不是重要决策是不进行国民投票的。如果你采用区块链技术呢？所有信息都被储存在参与投票的国民手中，可匿名共享投票结果，但本人可以直接确认投票结果。选举结束后，如果所有的结果都被公开，由于互相都是从否定的角度来监视对方，因此不可能随意捏造事实，这样一来，就可达到用非常低的费用进行公平选举的目的。这是在编造谎话吗？事实上西班牙已经在积极利用区块链技术进行电子投票了[①]。

再看下唱片市场的情况。唱片市场最大的问题在于版权费和收益分配。目前，由于很多不必要的中间阶段，使用流媒体服务，每次只有 0.5 韩元的费用返还给原作者。如果这里也利用区块链，不经过版权协会或中转所，就可以在每个区段内显示出版权。由于实现了去中心化，消除了流通利差，收益的核算就变得简单，再加上不可能进行伪造、变造，因此可以安全、透明地分配收益。通过所谓的"音乐货币化"，就可以让有实力的音乐人生存下来，让那些通过不正当方法获利的中间商们失去市场。

我很早就想过，不用单纯的单据，而是把本身就具有价值的炸鸡用作货币比较好。如果鸡肉的味道一个月后还和刚出锅时的味道完全一样，这可能是一个很好的方法。当然，这是不现实的。但我个人还是希望终有一天能实现炸鸡的货币化。鸡的原产地、流通过程、新鲜度、调理方式等都被公开透明地储存起来，然后再以这种信任为基础发行炸鸡货币，这样躺在家里就可以津津有味地吃着外卖了。此外，在医疗界、法律界、需要透明合同或交易的所有地方，都可以使用区块链技术。

---

① 在 2014 年创建的名为 "fodemos" 的新生政党利用 "agora（一个基于区块链的投票生态系统）" 通过网络投票来决定投票结果。

实物货币迟早会消失，大部分的交易将通过手掌大小的银行卡或手机完成。我们所卖或买的价值全部被电脑系统记录下来，我们相信并依靠这些数字。

在密克罗尼西亚联邦所属的雅浦岛上，人们使用中间有孔的圆形石币，这种石币最大可达四米。据说，有一次在水上交易时它从船上掉入了海里，但交易双方都认为没有打捞的必要，因为大家都见证了这个过程，涉及的仅是其所有权发生的变化，因而继续进行了交易。换句话说，如果村里人都承认了货币的价值和所有权，就没有任何问题。

我相信雅浦岛上网络用户间的信任度已经积累了很长时间。只要利用区块链就可以自发地构建出比现今更大的网络。如果货币的价值不是由现在的特定中央机构来保证的，而是由每个人都来保证的话，就会建立起任何人都无法动摇的人类历史上最强有力的信用机制。

英国人最喜爱的实验物理学家、电磁学之父迈克尔·法拉第第一次发现电时，很多人找到他，问他这样的发现有什么用。法拉第当时这样说道："那刚出生的婴儿有什么用呢？"

现在你真的可以想象没有电的生活吗？区块链也一

样。这个孩子将来会成为优秀的领导人还是罪犯，目前谁也不清楚。无论找什么借口都不能改变什么。送孩子到孤儿院或漠不关心都不是好的解决方法。现在要做的应该是哺育他并找到使他变优秀的教育方法。

无论是粉红色的未来，还是世界末日的反乌托邦，重要的不是即将到来的结果。即便你事先抚慰胸口，确信会迎来像海啸一样袭来的剧变，现实也不会改变。最重要的是要比任何人都更快地了解变化的趋势，并从科学技术的角度出发，做好乘风破浪的准备。在所有准备就绪的情况下，如果海边一片寂静，那还会有什么问题呢？躺下休息一会儿就可以了。最愚蠢的是充分认识到可能性而无所适从，只知道祈求风调雨顺的人。风总有一天会刮起，而且不会那么简单地结束。

弱者的
逆袭

引力的科学

做了父母，总是担心孩子出问题。不会在哪儿受欺负了吧？在路上会不会摔倒呢？对于有好几个孩子的父母，没有一天不为他们烦恼的，特别是对最脆弱的那个孩子，干涉的就更多了。原来做了父母才知道父母之心。

太古时期，宇宙也生下了各具力量的子女。如果能像漫画中一样，将宇宙诞生的金、木、水、火、土五种力量聚集在一起召唤出星球队长就好了。可惜的是宇宙中诞生的力量，不过仅有四种基本力而已。

由于它们都近乎同一瞬间出生，因此可以称它们是四胞胎。但如果考虑兄弟姐妹的排序，那依次是引力、电磁力、强力、弱力。今天讲的主人公就是其中的老大——最弱的引力。

如果你什么都没做却发生了怪事，那么犯人很可能就是引力。手中拿着的马克杯不小心掉了，大部分人会责怪自己不小心，但实际上打破马克杯的决定性力量来自引力。

因为如果一开始没有引力拉住马克杯，也就不可能出现这样的失误。另外，骑着的自行车向旁边倒下也是因为引力，跳马桩游戏时让朋友痛苦挣扎支撑的也是引力。甚至在厕所大便时，你和你珍贵的褐色朋友能顺利分手的原因也在于引力。

除引力外，我们所能感受到的大部分力就是电磁力。不仅仅是磁铁之间的相互吸引或排斥力，围绕原子运转的电子相互排斥也属于这种情况。突然亲吻你的宠物猫时也存在电磁力，如果没有电磁力，猫也不可能使劲推你的脸打你耳光[1]。

当你的嘴碰到猫的脸颊时，适当的电磁力事先排斥了两者间的原子核融合，避免引起核聚变反应，从而保全了你和猫半径数千公里内的文明。触及的所有物质都可以根据电磁力来维持稳定，换句话说，从物理学的角度这意味着很难触碰。

与经常出现在综艺节目中的偶像相比，强力和弱力实际上更难遇见，因为它们存在于微观世界里。从根本上讲，强力是制造原子核的力量。原子核由质子和中子组成，质

---

[1] 耳光如果不是从右到左而是从上到下的话，则也包括引力的助攻。

子带正电荷。就像磁铁的同极一样，正电荷之间通过电磁力相互排斥。如果什么都没做，原子核能轻易地分解与你亲密相处，那么这就是受到强力作用的缘故[①]。与电磁力相比，强力虽然是弟弟，但却是基本力中最强的那个。

弱力[②]主要会引起核裂变。由于弱力，中子变成质子的过程中也会释放能量。弱力又称弱相互作用力，它的力量稍强于引力。

如果比较四种力的实际力量大小，结果会更让人痛心。首先，电磁力比弱力强100倍，强力比电磁力强1000倍。与强力相比，弱力已经属于相当弱的力量。那么可想而知，四个力中的弱者——引力，它的力量该有多么渺小！强力足足比引力强大10的44次方，两者根本无法相提并论，比较本身就是对其他三兄弟的侮辱。[③]

引力竟如此弱小，这令我们目瞪口呆，可想而知当科学家们发现这一点时该是多么的震惊啊。究竟引力年幼时吃了什么才会变得如此孱弱呢？在此之前，首先我们要了

---

① 强力（强相互作用力），实际上是夸克粒子间产生的很强大的力。

② 电子和电子中微子、μ子（渺子）和μ子中微子、τ子（陶子）和τ子中微子之间的作用力。

③ 原书数据有误。若引力为1，则弱力为10^{25}，电磁力为10^{36}，强力为10^{38}。即强力是电磁力的100倍，电磁力是弱力的10^{11}倍。

解一个关于时空和维度的观点。

虽然引力的力量弱小，但在射程①方面，引力和电磁力确实存在一定的胜算。弱力和强力的作用距离非常短，如果距离不近，力量就发动不起来。但是引力和电磁力的作用距离几乎是无限的，也就是说，无论相隔多远，都能感受到引力。即在整个宇宙中，所有有质量的物体都能感觉到对方的存在。虽然有点复杂，但世纪天才牛顿也曾说过：苹果拉着地球，地球也拉着苹果，所以苹果才会掉到地球上。②

但是仔细想想的话，地球并不是只拉着苹果，而是拉着所有有质量的物体，就像在磁力作用下磁铁吸铁块是一样的道理。大部分金属碎屑可以用磁铁来吸引，如果有一个巨大的磁铁，那么附近的所有金属都会被吸在一起。如果说磁力只作用于通电的物质，那么引力就只作用于有质量的物质。我认为天才的话是值得信赖的。至少在爱因斯坦的研究成果被推翻前，我支持这个观点。

如牛顿所说，没有质量的物质不受引力的影响。就像

① 即作用距离，影响距离的顺序依次为弱力＜强力＜引力＝电磁力。
② 还有几种说法是，这是英国启蒙思想家伏尔泰说的，或是由牛顿的至亲斯特克里根据对话内容记录下来的。

我们拼命想把橡皮擦拉到磁铁上一样，它依旧一动不动。但令人惊讶的是，没有质量的光也会受到引力的影响而产生路径弯曲。等一下，这是为什么？科学命题里不应该有例外。这难道是科学的失误吗？对此，爱因斯坦提出了一个有趣的建议。

其实引力并不是作用于物体之间的力。

难道不是苹果拉着地球，地球拉着苹果吗？如果苹果和地球没有相互拉近，为什么会因坠落相遇呢？吐出舌头的宇宙大天才[①] 在这里提出了相对论的概念。

让我们暂时把广阔的宇宙移到你的厨房吧。保鲜塑料膜在空中可以铺得很宽，现在这个透明的膜就是环绕你的时空。薄的保鲜膜一拉就会拉长，如果在上面放上很重的金枪鱼罐子，保鲜膜就会凹下去并向下拉长。如果在周围放上一个非常轻的珠子，那么珠子就会随着凹下的膜慢慢滚下去。如果膜无限透明，我们就会觉得珠子和金枪鱼罐子是互相吸引的，由金枪鱼罐头质量产生的引力直接改变

_____

① 爱因斯坦有一张广为流传的吐舌照。原版照片在拍卖中以1亿多韩元的价格成交。

了保鲜膜这一空间，周围物质只是随着弯曲空间的凹凸有致的流动而已。这便是现代相对论的核心内容。

事实上，宇宙天才爱因斯坦也是花了很长时间才到达这里的。如果想循序渐进地走上认识相对论的漫长旅程，那么现在就打开门，走到电梯前面吧。

你走进了电梯，按了向上的按钮，稍等一会儿，电梯开始往上升，同时感觉到自己的体重也重了起来。是不是突然变胖了？不用担心。这种感觉只是随着电梯速度加快而变得强烈。相反，如果电梯停止加速开始向下坠落，你就会产生悬浮在空中的感觉，并产生已经失去重力的错觉。

事实上，对于这种情况，我们并不能充分地进行表述。像电梯这样，重力会随着我们移动的方向和速度而变化，甚至有时会感觉它完全消失了。现在，让我们把电梯想象成几乎没有重力的地球之外的宇宙空间。由于开始没有重力的作用，身体会像羽毛一样轻，但是如果上升的电梯速度越来越快，自己就会感到稍稍变重一些，而且在某一瞬间，也会感受到和地球上一样的体重，如果你昨天喝多了，躺在没有窗户的电梯里哼哼唧唧，就会很难凭感觉分辨出自己这是在宇宙中还是在房间的床上。这就是爱因斯坦的相对论。

相对论包括广义相对论和狭义相对论，如果你想要坐在那里就能理解这些内容，这本书是办不到的，你仅仅只能从本书学到一些皮毛拿来简单地装腔作势。两个相对论都是关于时空的论述，按照狭义相对论，快速运动的物体本身的时间就会变慢。当时普遍的认知是：如果你戴着一块手表，不论你是在自己的房间里还是在太空中，手表的运行速度都是一样的，但是如果你以接近光速的速度移动，你的手表就走得比朋友们的慢。当你结束了比光速更快更短的旅行，再次回到约定场所，你的手表显示只过去10多分钟，但你的朋友们已经吃过午餐、去了歌厅还喝了酒，准备回家了。

然而，实际情况比这更难理解，就连爱因斯坦也是研究了10年才发表出广义相对论的。如果引力太强，用塑料保鲜膜制成的时空本身就会变形，时间也会变慢。由于你的时间都困在时空里，把引力理解为是用自己的力量抓住时间，让时间慢慢地流逝，也不会被科学家们殴打，就算被打也应该是我。

不管怎样，根据宇宙天才爱因斯坦的说法，能在时空中起作用的唯一的力量就是引力。强大的强力、比引力稍强的弱力以及在很多地方使用的电磁力，即使它们飞得再远再久，也无法摆脱时空的桎梏，而最先诞生的引力却是可以掌控时间和空间的野蛮家伙。所以说这很奇怪。那为何引力如此孱弱呢？幸好我们在经过了艰难的讨论之后，又重新回到了这个问题上来。

科学家们开始思考，也许是由于引力是时空间唯一能起作用的力量，所以这个家伙会不会超越时间和空间，向其他次元渗透呢？甚至还有人主张说，引力本身并不是存在于我们这个次元的力量，而是来自更高层次的力量，因此在我们这个世界上，引力只能是弱者。从亚斯格特[1]飞过的"雷神"应该是懂得如何在地球上打架的强者吧！

在欧洲，为了研究其他维度，已经制造出了不断翻炒小粒子的大型甜甜圈形状的实验装备[2]。如果我们以惊人的速度撞击这些粒子，可能会发现越过维度，或者说越过我们次元世界的碎粒。如果有一天能够切实证明其他维度的存在，那么引力也许会洗刷掉"弱者"的污名。

引力对众多电影做出的贡献胜过很多好莱坞明星。2013年上映的美国电影《地心引力》，题目和主角都是引

---

① 漫威漫画中出现的地名，是宇宙某个地方漂浮的不同次元的空间。
② 指的是被称为"LHC（Large Hadron Collider）"的欧洲核子研究组织的大型强子对撞机。

力。在电影《星际穿越》中，主人公利用引力向地球上的女儿发送信号。

也许这只是电影中的想象力，但它却基于"只有引力才能对时空产生影响"的科学事实。比起超越时空的爱恋，引力之所以能经常出现在影片中，可能是源于一直以来使用"attract"（引力波）而不是"pull"（引力波）这个词的科学家们的不懈努力。

房间从窗明
几净到变脏的过程

希格斯的科学

"希格斯"是一个人的名字。这名字好像在哪里听过。世上还有这样的名字吗？这感觉就像一瓶从来没喝过的饮料名字一样。对于希格斯究竟来源于哪里，你可能印象比较模糊。你不知道并不是你的错，倒是作为一名物理学爱好者的我才应该深刻反省。

　　回想起搬到新家的第一天。我的房间，自己的小空间里整洁无物，空空荡荡。但奇怪的是，过了一段时间，总会有什么东西出现。这可能是地板上的头发，也可能不知是谁无意留下的面包屑。突然有一天我萌生了这样的想法，如果这些垃圾一点一点地堆积下去，总有一天会威胁到我的生活，这些东西究竟是从哪里来的呢？

　　如果分别去想，一定会知道来源。面包可能是昨天买来的，也可能是上周买来的。即使是不知道出处的卷曲头发，也完全可以推测出是从我头上掉下来的，或是曾去过我房间的某人留下的。可以确定的是，这个宇宙里有无条件的原因和结果，但绝对没有从无到有的东西。那宇宙是怎样形成的呢？如果认为是受到神灵的召唤而出现的，可以吗？我们暂且不谈宗教和哲学上的原因。因为科学家提出神的本身，就意味着自身理论的崩溃。

即使你装作不知道为什么会出现，最起码也应该知道是飕的一下子出现，或是"咻——嘣——嘭——"的声响之后才出现的，这个过程不应该了解一下吗？接下来要讲的就是这个。

假设宇宙中什么也没有。迅速把书合上，借助灯光，就像《黑衣人》中用光删除记忆一样，把一切都忘掉吧。科学中本就没有理所当然或原本如此的事。对于苹果落到地上这件大众普遍认为理所当然的事，牛顿也要刨根问底，我们当然也应追随牛顿的脚步。

宇宙可能也是在时间、空间等什么都没有的情况下变成了现在什么都存在的样子。那么，最先出现的是什么呢？对于这点最先展露端倪的是希格斯粒子，准确地说是希格斯玻色子。把粒子说作是颗粒应该很容易理解，但玻色子究竟是什么东西？你不必把它想得很难。因为它一定会比你想象中的更复杂，还是坦然接受科学的命运吧。

要想了解玻色子，首先要理解自旋。自旋是粒子在旋转过程中所做的运动量。这并不是真的在转动，而是用粒子所具有的内禀性质[①]做的比喻，你这样理解就可以了。虽然电子被解释为在原子核周围旋转，但实际上这与盛夏的蚊子在我周围打转的本质是不一样的。在微观的世界里，旋转与我们所想的完全不同，所以我们只能通过比喻的方式来解释旋转，实际上它究竟是什么样子我们不得而知。而玻色子则是指自旋为0或正整数的粒子。如果自旋是1，转一圈就是原位置，如果自旋是2，那么转半圈就是原位置，以此类推。[②]因为希格斯粒子的自旋是0，因而希格斯粒子又被称为"希格斯玻色子"。至于"自旋是0"的意义是什么，我们将在后面讨论。

让我们再次回来。最初的宇宙中什么都没有，也没有宇宙本身。但是之后发生了大爆炸。虽然也有很多关于大爆炸前和爆炸原因的理论，但如果在这里进行错误的解释，无论这篇文章的主题是什么，都可能适得其反。因而这一

---

① 内禀性质，又称内蕴性质，是微分几何最基本的概念之一。曲率是最常见的内蕴量。在相对论里，一个物理观察者，他在自己所处的空间里所能做的几何测量只能是内蕴性质的测量。

② 作为参考，自旋是1/2时旋转两圈才能保持原位，将这种自旋为半整数的粒子称为"费米子"。

话题我们跳过不谈。不管怎样，发生了大爆炸，在能量旋涡中某个瞬间出现了某样东西（在科学中"出现"或"存在"一词并非随便使用的词语）。它就是可以判断某种东西出现的标准及其时间的"质量"。质量出现的瞬间我们也完成了从无到有的转换。（在"鬼神的科学"一节中，为了证明灵魂的存在，曾用质量做过实验。）随着质量的出现，就产生了"是什么"的概念。究竟是什么让质量得以出现？科学家们一直都在寻找答案。不是应该有最初赋予质量的媒介吗？答案就是赋予物质质量的粒子——希格斯玻色子。

为了对希格斯玻色子及创造质量的媒介进行说明，必须到比现在更小的世界里去。作者的废话为什么这么多？好像一直在听绪言的感觉，但我也实在没有办法。

从宇宙中心到地球、从地球到人类、从人类到眼屎、从眼屎再到更小的世界，甚至到不能再变小的原子，范围虽在逐渐变小但它们都保持着基本的性质。若想探索更小的世界，切开原子你就会发现，原子也分为原子核和电子，原子核又可分为质子和中子，另外再把质子切分开的话又会出现夸克。到此结束了吧。再切下去的话，可能头也要裂了，恐怕科学家也是在这里停下来的。当然，这里还有说明夸克的弦理论，但由于书中没有多余空间，所以暂时省略了。

我们所了解的这个世界是由 12 种基本粒子组成的。也就是 6 种夸克和 6 种轻子。在夸克都不能理解的情况下，突然冒出的轻子也不会受到大家的欢迎吧。就简单这么想吧，夸克是调味炸鸡，轻子是原味炸鸡。就像辣椒调料、酱油调料、炭烤调料、辣炸鸡丁调料、烤排骨调料等一样，炸鸡的种类也有很多。那对于夸克来说，也有"上夸克""下夸克"等 6 种夸克[①]。作为原味炸鸡的轻子也是一样，有烘烤炸鸡、脆皮炸鸡、葱香炸鸡等 6 种轻子[②]，其中最著名的就是电子。

炸鸡上是不能缺少调料汁的。这些料汁不是构成物质的粒子，而是通过相互交换，使宇宙中存在的力发挥作用。这些调料汁被叫作媒介粒子，包括光子、胶子、Z 玻色子和 W 玻色子。

[①] 指的是上夸克（up quark）、下夸克（down quark）、粲夸克（charm quark）、奇异夸克（strange quark）、顶夸克（top quark）和底夸克（bottom quark）。

[②] 轻子有电子、μ 子、τ 子、电子中微子、μ 子中微子、τ 子中微子 6 种。

电磁波通过光给我们传达一切东西。即，电磁力要发挥作用力，就需要光子。宇宙中最强大的强力通过胶子起作用，弱力则是通过 Z 玻色子和 W 玻色子负责传递。好像漏掉了什么？迄今为止，负责传递引力的媒介——引力子还没有被发现。有趣的是，所有基本粒子都有质量，受引力的影响，而我们最常见的引力，它的媒介却尚未被发现。取而代之的是，科学家找到了最初赋予质量的希格斯玻色子。

经过一番周折终于又回到希格斯玻色子这一话题了。准确地说，赋予物质质量的并不是希格斯玻色子，而是希格斯机制，希格斯玻色子可以看作是发生"希格斯机制"行为的明确证据。所以，科学家们在很久以前就拼命寻找希格斯玻色子，最后人类终于发现了那个该死的家伙[1]。语言是不是太粗俗了？实际上，我并不是说它真的该死，只是美国一位物理学家[2]在写关于希格斯粒子的书时，给它起了个题目：《该死的粒子》（*Goddamn Particle*）。当然，出版社也劝阻过说这样的措辞太过分，于是将其改为《上

[1] 英国理论物理学家彼得·希格斯从 1964 年开始寻找希格斯玻色子，并在 2013 年获得诺贝尔物理学奖。
[2] 指的是 1988 年获得诺贝尔物理学奖的美国实验物理学家雷德曼，他 1922 年出生，2018 年 10 月 3 日逝世。

帝粒子》（*God Particle*）进行出版，这导致在一段时期内，让基督教徒误认为希克斯粒子有可能证明上帝的存在。当然这是与宗教无关的事情。

希格斯玻色子的发现之所以伟大，并不单纯在于发现了新粒子，而是因为它是不同于以往的崭新形态的粒子。希格斯玻色子曾被认为是任何科学家通过实验，或在任何地方都永远无法发现的。喜欢打赌的史蒂芬·霍金也表示希格斯玻色子绝对不会被发现，并赌上了100美元，但他输掉了比赛。他说："'物理学上真正伟大的发现'竟来自意想不到的结果。"他对此表示非常高兴。

事实上，在2011年12月研究人员就发表了有关希格斯玻色子的演讲，当实验物理学家们对付出的努力终于有了回报而感到高兴时，一些理论物理学家却在祈祷这是一个错误的发现。因为如果希格斯玻色子不被发现，就意味着还有更令人惊讶、有趣且完全不同的东西存在。当然，这是除我之外的其他科学家说的话，他们真是非常可怕的人啊。

现在再来谈谈希格斯机制。它是一种生成物质质量的机制。那么物质为什么会有质量呢？科学家们把质量定义为抵抗某种作用力时产生的东西。比如，我用力推了站在那儿的朋友，但他动也不动，这是因为他的质量在抵抗我的推力。那为什么会抵抗呢？这是因为存在"希格斯场"。

质量就依存于希格斯场。这里所说的场如同磁铁产生的磁场。虽然"场"存在于整个空间中，但它如同尘埃一般，无法被肉眼看到。即使不存在任何东西，"场"也依旧存在。如果你还不理解，就拿着冰箱贴去厨房，慢慢靠近冰箱。很明显，表面看起来什么都没发生，你只能感到冰箱好像在拉拽着冰箱贴[①]，这就是因为有场的缘故。希格斯场稍许有所不同。

它不像磁场一样只存在于磁铁周围，而是遍布于整个宇宙。不像磁铁一样由某种特定东西组成，从某种角度上看，它遍布在任何的空间里，并具有可以给予物质作用力的特性。

现在假设你在到处是人的地铁站，虽然人很多，但换乘并不难，只要上下台阶，再走上地铁就可以了。我和你之间可能只会产生轻微的碰撞，你甚至不会太在意。但假

---

① 用以磁力为基础制造的变身迷你汽车玩具贴近金属的话，迷你车就会变成机器人。

设在地铁站的人不是你，而是 BLACKPINK 的 LISA（韩国女团成员），会怎么样？因为体型苗条，她似乎可以很快走过去乘地铁，但其实不然。认出她的众多市民会要求她签名或用手机拍照，那么换地铁甚至会成为不可能的事。因为人气高，与市民互动多，在这种情况下，她的移动也只会变得更缓慢。在这个例子中，名气就等同质量，越出名质量就越大，就是说跟人群的互动越多，就代表质量越大。这便是希格斯场的效果。因此可以说，质量最大的粒子是与希格斯场发生最大相互作用的粒子，质量最轻的粒子是与希格斯场发生最小相互作用的粒子。

进一步来讲的话，希格斯场可以理解为空无一物的空间，即真空。空无一物通常意味着这个空间里什么东西都没有，但事实是这样吗？

希格斯场不是物质，而是作为某种能量均匀分布在所有地方。虽然无法计算希格斯场所拥有的能量，但是可以求出整个宇宙中存在的所有"场"的能量之和。如果结果是 0，可以认为真空是空的，但最终得出的值却不是 0。因此科学家称它为暗能量。暗能量是真空拥有的能量，而空无一物的宇宙空间的能量则需通过宇宙膨胀的加速度来测定。

希格斯场就像竖着放的硬币一样，一有机会就会倒下，处于低能量的状态。在这一瞬间，希格斯场将拥有特定值而不是0，这个值将赋予基本粒子质量。如果粒子没有质量，它们就可以全部以光速移动。实际上，没有质量的光不会和希格斯场发生相互作用，因此能够以最快的速度飞行。

希格斯机制产生的力只在很短的距离内发挥作用，因此，我们不能直接感受到希格斯机制的性质。但是如果能敲击希格斯场并给予能量的话，就会产生粒子，这就是希格斯玻色子。希格斯粒子就是说明希格斯机制不是空想科学，而是实际存在的证据。前面说的希格斯玻色子的自旋也有很深的意义，如果自旋是0，和旋转一样，不会改变时空对称变化。更简单地说，就像独自吃饭的人一样，即使没有其他粒子，也不会感到孤单，能独自一人生存。整个真空的空间里遍布着希格斯场，同时创造着粒子。

简单地复习一下。希格斯场与物质的相互作用被称作希格斯机制，其结果生成了我们能够感受到的质量。虽然有大部分人批判这一理论，但随着希格斯玻色子（粒子）的发现，情况发生了逆转，现在这一理论几乎已经成了事实。当然，还有下面这些令人头疼，人类未能解决的问题。

1. 希格斯玻色子的发现只是由于幸运吗？

2. 和希格斯玻色子相似的粒子很多，但为什么我们没有发现？

3. 虽然用基本粒子制作了标准模型①，但这是不是过于简单了？

吃得急会噎着，煮饭时经常掀锅盖，做出的饭也是夹生的。说老实话，据我的了解，目前希格斯玻色子根本不实用。到目前为止，它的作用只是激发了我们的好奇心，引发了人们对宇宙的思考。但是最初电子的发现和量子力学的问世不也是如此吗？如果没有量子力学，我们也许还在为了通信而点燃烽火或快马加鞭传递书信。此外，在半导体和电子产业中，量子力学的贡献度也非常高。因此，在刚刚发现希格斯玻色子不久的情况下，自然也就无法想出它的实际应用方法。别闹了，还是先默默清扫房间，然后慢慢等待吧！

---

① 这是到目前为止，最能说明自然界的基本粒子的物质之间是如何结合的模型。

被称为
垃圾的资格

宇宙垃圾的科学

垃圾一词多用于不好的地方。如果我们称某人为垃圾，就再也不会对他产生什么好感。称呼腐败的人也常常用垃圾这个词。我们关注垃圾可能仅仅在它引发了自身不快的时候，比如看到公园长椅上扔着丢弃的饮料罐。但在宇宙中情况有所不同。在这段时间里，全世界的科学家应该也仍关注着飘浮在地球周围的太空垃圾。

　　虽说是闲话，只要研究宇宙垃圾的科学家们在门户网站搜索自己的名字，相关搜索词就会出现"宇宙垃圾"。不是一般的垃圾，而是宇宙垃圾。如果不清楚的人看到，很容易对他们产生误解。就像全国各地的人们去海边游玩时产生的海洋垃圾一样，从人类进入太空的瞬间开始，就制造了太空垃圾。从寿命已尽的人造卫星到废弃的火箭外壳、破碎的卫星碎片等，各种各样的太空垃圾都在宇宙中飘浮。当然，除了这些人为垃圾外，宇宙中还有不少彗星或小行星残骸、冰块、灰尘等天然垃圾。

问题是，这些垃圾不会单纯造成恶臭或美观上的不便。虽然围绕着地球飘浮，听上去比较平和，但实际上像"小猎犬"这类的宇宙垃圾不可能安静地坐着，而是像疯子一样在围绕着地球轨道运转，其速度甚至可达到每秒8公里以上。作为参考，一般子弹的速度还不及每秒1公里。由此就可知其威力有多大了吧。以这样的速度运行，即便再小再轻，任何物质碰撞它的瞬间就会消亡。再加上，目前飘浮的太空垃圾已达到数百万个，因此，人造卫星和空间站等都很可能遭受损失。

让我们再看看宇宙垃圾到底有多可怕。如果与巴掌大小的宇宙垃圾相撞，就与搬运行李时使用的大型卡车以每小时200公里的速度奔驰过来时，所产生的冲击量相差无几。

地球周围目前大约有4700颗人造卫星①，它们的体积都相当大，其中正常工作的卫星不到一半，一半以上都空虚地在太空行走。包括卫星在内，巨大的宇宙垃圾共有19000个左右，已经陨落到地球上的有24000个左右。很

---

① 此为2018年4月的数据。截止到2020年11月，全球总共发射了9000多颗人造卫星，在轨正常工作的有3000多颗。

多太空垃圾已经掉落到地球上，而且这种情况还在加剧。虽然其中也有在大气层中燃烧消失的小家伙们，但一年内大概还是会有 80 吨以上的宇宙垃圾进入地球。从数量上看冲击性还是很大的。如果以足球来计算，相当于每年有 16 万个足球从天而降。如果以硬币计算，这相当于 1500 万个硬币，把这些硬币排成一字型，比首尔到釜山的距离还要长。

提起宇宙垃圾，我就会想起电影。《世界末日》《深度撞击号》等宇宙灾难电影都以小行星相撞为题材，让观众产生深深的危机感。而 2013 年特别值得关注的则是，以宇宙垃圾冲突为题材，由阿方索·卡隆导演，桑德拉·布洛克主演的影片《地心引力》。

1978 年，NASA 博士唐纳德·凯斯勒首次公开表示，宇宙垃圾将对宇宙环境产生负面影响，并得到了大多数悲观论者的认同。后来，医学家将那些因宇宙垃圾而焦虑不安的心理疾病以这位科学家的名字命名为"凯斯勒综合征"。电影《地心引力》就是从这里开始的。如果一颗人造卫星与另一颗卫星相撞，就会成为太空垃圾，被撞毁的数千万个碎片，会去撞击其他卫星，被撞的卫星又会再次破碎，那么此时的太空垃圾便会增至数百万个，最终，地球周围将会被宇宙垃圾覆盖，人类将永远失去发射卫星的空间，我们只能呆呆地看着，祈祷宇宙垃圾不会掉下来。

不仅卫星升空的空间消失了，坠落的太空垃圾也让我们不得安心。幸运的是，由于自然的宇宙垃圾大部分是冰块，大多会在大气层中燃烧后消失，因此不必过分担心。（果然不论是食物还是宇宙垃圾，天然的才是最好的。）问题主要出在人造卫星或火箭碎片等人造太空垃圾上。为了使它们能顺利地飞向太空，在经过大气层时不会被高温损伤，故而科学家对其做了特殊的设计。我们设想一下，如果现在有一个臭得很厉害的厕所，最初打开卫生间门的人想都不想，就会放弃使用。但无论如何，只要使用过一次厕所后，第二次就要比第一次容易得多。火箭也是一样的道理。顺利冲出大气层的火箭成为"宇宙垃圾"后，再返回地球时，冲入大气层就不会很费力，也就是说，它不会被火烧掉。

我们都知道宇宙飞船或流星进入大气层时，会与大气发生摩擦而燃烧，摩擦热也会影响温度使其上升。但实际上进入大气层的物体速度过快，会产生巨大的力压缩物体前端的空气，使其无法进行热量交换，如同满员的公共汽车内部一样，最终导致温度上升^①。这被叫作绝热压缩，在这一过程中，温度上升到数千摄氏度的高温，空气会变成等离子体^②。同时，也会使忍受了很长时间的太空垃圾最终回到地球的土地上。

现实中，由于宇宙垃圾造成损失的事例也曾发生过。20 世纪 60 年代，在古巴的一个牧场，一头奶牛被宇宙垃圾击中而死亡。在日本，一艘船舶被宇宙垃圾击中致使船员受伤。当然也有直接击中人的情况。1997 年，一位叫洛蒂·威廉姆斯的美国女性被从美国卫星上分离出来的宇宙垃圾击中肩膀，所幸她只是受了惊吓没有大碍。在离我们比较近的 2009 年，英国某家庭的屋顶被坠落的宇宙垃圾凿破，这团黑色金属是 40 年前搭载阿波罗 12 号时发射的火箭燃料桶。

宇宙垃圾如同一次性垃圾一样问题严重。中国遗弃的宇宙空间站"天宫一号"于 2018 年坠落到南太平洋，其他人造卫星和宇宙垃圾也同样在等待着机会坠落。联合国

---

① 在没有热交换的状态下，外部受力使体积减小，内部能量增加，从而导致温度上升。
② 经历过固体、液体、气体继续加热后到达的状态，分子直接分解后呈现出狂奔的状态。

下属的太空领域委员会①表示，针对太空垃圾，有必要制定国际共同应对对策。共同协作解决问题当然是件好事。但也有很多人认为，以前的大部分太空垃圾都是由美国和俄罗斯制造的，现在才说成是共同责任，这有失公平。

但是比起争斗，寻求解决方法才是最重要的。处理普通垃圾和处理太空垃圾方法虽然接近但也有所不同。清除宇宙垃圾，重要的不是消灭或再利用，而是避让出它占用的空间。很多卫星都被绑在引力的绳索上，在地球周围进行接力赛跑，不参加赛跑或已经跑完的卫星就应该把位置让给下一名选手，从跑道上脱离出来。

从规定的跑道上跑出来的方法有两种，其一，以非常快的速度，切断被绑在引力上的绳索，跑出运动场；第二种方法就是逐渐减慢速度而后走到运动场内部停下来。之前也曾使用过用激光射向宇宙垃圾，使之失去平衡降落回地球的方法。但发射激光的费用昂贵，加上改变轨道的宇宙垃圾在过程中与其他物体发生碰撞的可能性较大，因而近年来不怎么使用这种办法了。由于将太空垃圾送到远离地球的地方需要很多能源，因此一旦速度下降，坠落地球

① 指联合国成立的唯一一个太空领域常设委员会，即和平利用外层空间委员会（COPUOS）。

的情况也很多。在太空垃圾上装上电揽^①或自杀性卫星^②使其减速，它就会逐渐降低高度，并坠落到大气层中。还有一个方法就是，利用机器手臂直接回收宇宙垃圾或在小型卫星上黏附太阳帆，将尽可能多地将这些家伙粘在卫星上一起坠落。

美国的一款卫星^③形状酷似展开双臂双手持篮的人，它在宇宙垃圾经过的路口等待，像候补投手一样将飞来的宇宙垃圾捕捉，令人瞠目结舌。它的作用不仅仅是单纯的接收宇宙垃圾，而是利用接收到的宇宙垃圾所拥有的速度进行旋转，像外场防守员一样送宇宙垃圾给地球。以宇宙垃圾的力量处理宇宙垃圾，师夷长技以制夷，将垃圾回收战略发挥到了极致。

太空垃圾问题及其产生的危害，是人类面临的一个严重难题。随着科学技术的发展，很多现象的出现是必然的，如果找不到解决方案，包括我们在内的所有人都会生活在

---

① 日本宇宙航空研究开发机构（JAXA）在太空垃圾中系上电缆，形成磁场，利用其反弹力来诱导减速。

② 粘在宇宙垃圾上后，乘着太阳风能展开帆像降落伞一样减速的非常小的卫星。

③ 指美国得克萨斯州 A&M 大学提出的 Sling-Sat 卫星，其用最少燃料消除了很多太空垃圾。

极度不安中。比如在实验室中诞生的新个体破坏了生态系统，由于科学技术的副作用导致沙漠化和温室效应，给地球带来危害，这都是事实。但与生态破坏、沙漠化、地球变暖等不同，太空垃圾并不单纯是科学技术造成的不良后果，它们在这点上存在明显差异。由于那些被称为"垃圾"的昔日的宇宙研究者们的存在，我们才能将人造卫星发射到宇宙空间，通过手机就能寻找方向，观察昨天的时间和明天的天气。虽然现在我们把不需要的东西称为垃圾，但我认为对它们来说，这可能不是很恰当的定义。我们并不是在处理太空中被丢弃的垃圾，而是在最高寒、最贫瘠的地方竭尽全力寻找病倒的战友的尸体。它们对宇宙技术的发展曾做出过巨大贡献，并尽最后的努力在第三级火箭上吐出一颗小卫星。直到快要断气，它们都在苦思是否还能做些什么。因而我们不能简单地称它们为垃圾。

做一个很小的比喻，为了将新买的笔记本电脑完好无损地快递给你，它被包裹得像内含珍珠的贝壳一般，快递员还在容易被践踏而破碎的快递箱子里填充了塑料泡沫，对于这些填充物，它们真的可以被当作垃圾来看待吗？把电脑取出后，就剩下这些会生产碎屑且处境尴尬的白色家伙。只要是具备环保意识的人，就知道应该对现在已成为垃圾的这些东西保持最基本的礼仪，郑重地将其送到集中分类回收场。这不仅是在自己能力范围内可以尽到的最大努力，也是对曾经的帮手所能给予的最后照顾。

探访
美食店的报告书

饮食的科学

现在，给即将去约会的你介绍一下大韩民国美食店和受访者们的评价。当然，每个人对食物的喜好都不同，但优质的信息越多，对约会越有利，不是吗？至少我们两个人之间就有口味的区别吧？你喜爱的美食店当然也不能简单地以味道判断。现在就用科学的方法来充分展示美食吧！

泡菜屋：9.8 分（点击 353281 次）

"太好吃了，简直受到了冲击！"

"本来就喜欢吃泡菜汤，但是和鱿鱼一起吃，味道又完全不同了，猪肉也吃不出怪怪的味儿了。"

"肉太嫩了，一拿筷子夹起来就裂成碎片，只要品尝一口就会完全陷入其中，夜晚的米酒也是令人浑身清爽。"

"虽然小菜不多，但炒鲲鱼的味道太正了！"

泡菜，蕴含着祖先智慧的韩国传统食物。"泡菜中隐藏着大量科学"这句话虽然听起来有些扯，但确切来说，其中还真的有不被大家所了解的知识。吃泡菜汤时，如果谈论起泡菜的科学，很容易被人误会，但人一生中总要有一次成为智者的时候，不是吗？为了不让那个时刻感到尴尬后悔，就要尽最大的努力去做前期准备。

泡菜是从腌白菜开始的。你知道渗透压吧？就像聚集的粉丝们向偶像方向移动一样，渗透压造成水向浓度高的地方移动的现象。腌制白菜就用到了这个原理。如果将盐撒在白菜周围，白菜里的水就会哗哗地流出，白菜就会达到腌制泡菜的最佳状态。

泡菜是发酵食物，发酵其实是利用使其腐烂的方式制造食物的一种方法。无论你怎么去看待它，发酵都称得上一个非常有创意的制作方法。一般来说，如果吃的东西腐烂，扔掉是人普遍的选择，但是故意为了吃而使之腐烂并去长期保存，这真的是勇者之举。

据推测，保留时间最久的发酵记录是中国河南省发现的瓦罐中盛放的公元前 7000 年左右酿制的混合蜂蜜和水

果的发酵酒。韩国固有的米酒 [①] 也是用类似的方法发酵而成的，它与其他酒相比含有 10 倍以上的抗癌物质，当然，要想取得抗癌效果，至少要喝 13 瓶以上，但一定要记住，米酒不是健康的饮料，而是酒。所谓发酵，就是在生存艰难的世界上，为了生存而挣扎的微生物产生的代谢活动。

那你知道什么是代谢活动吗？我们昨晚吃的炸鸡转变成能量或以大便形式排出体外的行为就称为代谢。代谢意味着微生物"能吃会拉"。有趣的是，发酵并不仅仅是由一种微生物的作用引起的。以泡菜为例，它是由乳酸菌和有害细菌等多种微生物经过兴奋、激烈的工作，才具有辣乎乎的味道 [②] 的。

已经进行了一次微生物的"年末会餐"，此后，只要将温度调低，泡菜便可长时间保存。因为已经经过了微生物的适当分解，所以吃起来更利于消化。

现在暂且不说味道，来聊一聊进入我们体内的这些重要的微生物。提到微生物，就会产生一种它们寄生于我们身体并吸取营养的感觉，但对于我们而言，有这样的寄居

---

① 韩国食品研究院食品分析中心河载昊博士研究组在米酒中最先发现了抗癌物质苯丙醇和鲨烯。

② 这是名为肠膜明串珠菌（Leuconostoc citreum）的乳酸菌生成乳酸和碳酸时发出的味道。

朋友并不一定是坏事。事实上，微生物与多种疾病有密切的关联，对我们的健康也起着非常重要的作用。在没有任何信号的情况下，人经常因突然紧张而产生便意，我们将其称为过敏性肠道综合征，这一疾病就与微生物有关。此外，我们偶尔也会从微生物分解的能量和维他命中得到能量和维生素。所以不要抱怨和排斥微生物，而是要心怀感恩和它携手共同幸福生活。作为参考，在我们体内生存着100万亿只以上的微生物。

孔子楼：9.2分（点击241122次）

"这是一家中餐馆，我就喜欢吃炸酱面。"

"一般不喜欢吃炒饭，但是这里的蟹肉炒饭真是绝了，哈哈哈——不软不硬，还有嚼劲儿，实在太好吃了，连这家店的厕所味道都讨人喜欢，哈哈哈——"

蟹肉炒饭里可能有螃蟹肉，但蟹棒里没有。蟹棒主要是用冻明太鱼做的，先敲打明太鱼，将肉捋成像线一样粗的丝，一捋捋团在一起，就像有纹路的蟹肉一样，然后放入蟹肉色素，最后再加入从蟹壳中提取的蟹的香味油，这样蟹棒就完成了。不信捏着鼻子尝尝吧，肯定完全没有蟹味儿。

之所以会这样，是因为在饮食中感受到的风味大部分都是依靠嗅觉获得的。味觉只能感受几种味道而已，包括甜、咸、酸、苦，以及继香甜味后最近发现的油味在内。但如果再加上嗅觉，可以分辨出数百种气味，人就能感受到各种味道。

如果捂住鼻子吃葡萄，只能尝出甜味和酸味，而品尝不到葡萄自身的风味。也就是说，我们是用嗅觉来感受食物的味道。香蕉牛奶中香蕉的香味、海鲜面中的辣味，实际上都是在嘴里咀嚼时散发出来的油味通过喉咙后部进入鼻子感受到的。世界上的事物只能用鼻子感受吗？不是。我们用眼睛感受，也用耳朵感受，能感受事物的地方很多。

在餐桌上，如果碟子的尖角对着你，你可能会转一下碟子的方向，因为那样会觉得味道稍差。吃圆奶酪感觉比方形切块的奶酪要柔和，也是同样的道理。甚至喝同样的葡萄酒时，在红色灯光下喝，酒看起来会更红，尝起来也更甜。明明是同样的东西，却能感觉到不同的味道。炸土豆片脆脆的时候吃比发潮时吃感觉更美味，这是因为听觉听到了酥脆的声音。油炸食品中的酥脆口感实际上并不在于味道，而是在于耳朵。

汉堡王：8.9分（点击199771次）

"说这里的客人不是国王，而是汉堡王，听起来非常不亲切，但这里的食物味道没得挑。"

"这里手工制作的汉堡排烧得有点焦，虽然不知道为什么那么好吃，但就是好吃。"

现在我们以积累的经验为基础，可以科学地分析下不知名的手工汉堡店为何出名。首先，吃汉堡前，以包装纸沙沙作响的声音刺激听觉，自然会对汉堡包产生期待感引发食欲。如果想活用触觉，就不要把汉堡切成块吃，直接用手拿着吃。嗯，果然是汉堡的味道！为了能体验到汉堡整体的协调美味，就要一口咬下去7厘米的高度。先闻一闻，渐渐地睁开眼睛，能使五种感官都得到满足的汉堡正在等着你。

说到这里就不得不提到牛排了。有时一些不老练的厨师会告诉你，烤牛排时要把表面烤焦这样才能保留住内部的肉汁。也就是说，如果烤蛋白质表面，肉质会变得硬邦邦的，这样就会生出防止汁液流出的保护壳。这理论听起来有道理，但却是骗人的。事实上，在牛排翻个儿时，肉汁也会从牛排的上部或旁边溢出。牛肉表面噗噗作响的就是肉汁。如果烤蛋白质能防水的话，总有一天我们在雨天会穿上用烤蛋白质制成的雨衣上班。真是新奇的物品啊。

但你一定品尝过从表层稍微烤焦的肉里流出的湿润的肉汁吧。其实它不是肉汁，而是你的唾液。看到烤好且微微泛黄的肉，你满怀期待，嘴里满是口水，嚼起来的时候，那些细小的肉渣，连同口水一起流经舌头，让你不禁感叹它的美味。

不要再执念于包裹肉汁的问题，我现在就告诉你做出美味烤肉的方法。很简单，用大火烤就可以了。这源于法国科学家美拉德发现的"美拉德反应"。简言之，用160摄氏度以上的高温烤肉，会产生各种味道不同的物质，从而使食物散发不同以往的美味。肉用水煮过或用微波炉加工过后再拿去烤，味道不好的原因也在于此。不论怎么煮，水温都在100摄氏度左右，微波炉的微波也会使水分振动，最终结果也是一样。在100摄氏度这样的"低温"下，不会发生"美拉德反应"。现在你为了和恋人营造气氛去了牛排餐厅，就可以把牛排切成一片放入嘴里然后说一句："今天的美拉德反应还不错。"

意大利面：8.6 分（点击 173322 次）

"这家店是我和朋友两个人偶然经过时发现的，室内装修得很雅致，既有趣又漂亮。"

"据说这里的意面称得上是宇宙里最棒的意大利面，即便没到那种程度，也是地球最棒的水平哈哈哈，可能社长是意大利留学派，强烈给喜欢意面的朋友推荐这里一款又健康又清淡的意大利面！"

"这里甜点种类挺多的，苹果派和巧克力蛋糕不次于糕点店。"

约会？当然少不了意大利面！意大利面的烹饪也比想象中简单，喜欢的话可以亲自做（几乎是方便面级别的难度）。当然，有些人甚至连煮方便面都能搞砸，所以能把面做得好吃就是另外一回事了。

有人说，在煮意大利面的时候，如果不想让面条黏在一起，就在沸水中滴几滴油，滴入油会让面条变得滑溜溜，你可能觉得这话很有道理，但实则不然。因为油无法与水融合，它只是漂浮在水面而已，因而就不可能进入到面条里。若加入像食醋和柠檬汁这类的酸性液体，反倒有助于防止意大利面中的淀粉融化，黏在一起。

当然这里也不能落下甜点。特别是用草莓和香蕉等水果做成的甜点，只有这些水果本身好吃，才能让制作出的甜点更美味。但是我突然很好奇。在水果剥皮前我们很难知道它熟没熟，是否存在可以提前知道的科学方法呢？比如，在卖西瓜的大叔用刀剌开西瓜，将西瓜切成一小牙拿出来之前就知道它熟没熟。听人说如果西瓜条纹颜色很深，而且瓜把子没有干透，就是好西瓜。当然，你可以知道它的新鲜程度，但并不能保证它是甜瓜。以前曾有人通过挑选几个样本，挤出瓜汁来测定糖度，但最近出现了更科学的方法。通过发射近红外线，用反射出来的光来确认糖度。由于水果里的成分不同，反射也不同，因此可以判断它的甜度。

并不是所有水果都是越甜越好，吃甜食太多会引起致命的糖化反应。在我们身体里发生的多种反应都能够正常调节。但糖化反应却是不能正常调节的随机反应。糖分会和蛋白质，尤其是一些重要的蛋白质发生化合反应，使人体某种机能发生问题。特别是与弹性蛋白和胶原蛋白结合，常会导致肌肤老化、皱纹等问题。若想保持年轻就得少吃甜食。

我们一生都在不停地用鼻子或嘴巴来品尝味道。如果偶尔发现让五官都得到满足的美味餐厅，还会在博客上写下感人的点评。有趣的是，除了舌头，内脏中也会发生类似的事。如果我们的身体中摄入了葡萄糖，为了维持一定程度的葡萄糖数值，体内就会出现一种叫胰岛素的激素。在过去的几十年里，科学家们一直苦思冥想，为什么注射会比口服葡萄糖分泌更多的胰岛素，最终发现，小肠中的味觉细胞能像舌头一样感受到甜味。也就是说，不仅是口腔，在小肠中也有舌头一样的传感器，能调节身体的激素水平。

就像食材和料理的种类一样，美食中蕴含的科学也是无止境的。很早以前，我们的祖先就很重视饭桌教育。而现在呢，我们不仅要在饭桌前进行素质教育，更要进行科学教育。在饭桌上若能鼓起勇气用科学去讲述其中的原理，这一点就足够了。

不死猫的
诞生

量子力学

打起精神来吧，这绝对是一个有趣的故事。每当读到这里时，就如同吃了一口用汤匙舀起的飞鱼籽拌饭，脑中的兴趣也都嘭嘭炸裂了。本节的主人公就是量子力学，没错，就是一听到名字下巴都会急到长痘痘的那个量子力学！它是100年来，令无数科学家精神崩溃的幕后黑手。刚刚觉得"好像讲的很有趣"，之后又会萌生一种上当受骗的感觉，但就算被骗，也先读一遍吧。当你读到一定程度，可能会觉得像等公交车那样浪费了时间，为没有打出租车而感到可惜，但继续读下去你也许会在某一瞬间窃喜，"啊，原来这也挺幸福的"。

　　我敢打赌我现在讲的内容是很难在头脑中被理解的，所以先拿出一罐啤酒吧。哦，未成年们去喝可乐、汽水、碳酸饮料吧！我确信，真正能理解这一部分的人在韩国还不到100人，当然，也包括我。

提到量子，简而言之，就是一个极小的家伙。在这之前，让我们先来说说量子力学的"弟弟"——经典力学。

经典力学即试图通过运动来解释世界上的众多物质和自然现象的力学。像《星球大战》中被称为"黑暗尊主"的达斯·维德一样，如果存在经典力学之父，那自然而然非牛顿莫属。虽然现在已无从考证当时他看到的是落叶还是苹果，但总之，牛顿是看到了什么东西突然掉下来，才感受到了自然属性。"世上的一切都在自然地移动，我们只要正确掌握它们的位置和速度，就可以预测一切。"这便是经典力学的核心。

掌握了经典力学，甚至还能知道情侣什么时候接吻。如果知道两个嘴唇在接触的前1秒所处的位置和速度，就可以预测到1秒后两人的嘴唇会在柔软的"国际嘴唇站"发生对接。过去1秒前，再1秒前……如果以这种方式从短暂的现在推测过去，就可以知道两个月前两人的嘴唇在哪里做了什么。相反，如果能知道两个月前两个嘴唇的位置和速度，我们就能知道他们在什么时候接吻。当然，每一次嘴唇被其他粒子或其他外部力量施加作用力时，它的位置和速度都会被改变。

是的，虽然有点夸张，但是通过这样的方式，如果准确地知道现在的位置和速度，以及事先知道会追加哪种外力的话，我们就可以看到未来，因为这个世界本身就充满了这样的运动。经典力学就是这么具有常识性。当然，要知道所有物质的位置和速度并不是一件容易的事情。重要的一点是，物质的状态同已有的位置、速度一样，最初是由既定的条件来决定的。

但量子力学却不能被既定条件决定，这就是它与经典力学最大的差异。在经典力学中，只要知道位置和速度，就能对事物了然于胸。即使有人突然向我挥动拳头，如果事先知道拳头的位置和速度，按照经典力学的说法也完全可以避免。但是如果在量子力学的世界的话，很多事情是充满不确定性的，只能被动挨打，甚至还会出现拳头明明是朝我打来，最后却打到我旁边人的情况。无法预测短暂的时间后究竟会发生什么，这就是量子力学。因此，科学家并不看好它。

实际上，量子力学还是引发科学界"世界大战"的罪魁祸首。1927年，世界顶尖的科学家们聚集在比利时首都布鲁塞尔，参加由企业家欧内斯特·索尔维以自己名义创立的第五届索尔维会议，这其中还包含17位诺贝尔奖获

得者 ①，场面之大堪比学术界的"复仇者联盟"。在此次会议上创造原子模型的"钢铁侠"——尼尔斯·玻尔与极度反对量子力学的"美国队长"——爱因斯坦发生了最激烈的论战。究竟谁赢了呢？

事实上，大部分人都很好奇作为爱因斯坦对手的玻尔究竟能坚持多久，但最终在索尔维会议上玻尔取得了完胜。虽然爱因斯坦对量子力学的矛盾做好了各种攻击的准备，但直到爱因斯坦放弃争论为止，玻尔还在滔滔不绝。最终，不仅是爱因斯坦，在座的大部分物理学家都接受了量子力学。而会议当时所确立的内容就以玻尔进行研究的地点——哥本哈根命名，被称为"哥本哈根诠释"。

我们慢慢地产生了疑问。究竟"哥本哈根诠释"是什么？爱因斯坦为什么攻击量子力学？玻尔又是如何防御的？除他们之外的科学家们当时是什么样的想法呢……该过程具有常识性，如果循序渐进地追溯，会得出令人瞠目结舌的结论。好，那就出发吧！

从某种程度上讲，首先应该知道什么是粒子和波。即使没有查看字典上的定义，也不难猜出粒子是某种"小东西"，而波是像波浪一样荡漾的东西。很好。先来举个例子。

---

① 两度获得诺贝尔奖的居里夫人也参加了此次活动。

耳屎是粒子还是波？像耳屎一样，能挖出来，扔给旁边朋友的是粒子。那声音呢？声音不能只对一个朋友说。一旦发出声音，无论你愿意不愿意，它都能被附近的所有人听到，所以声音属于波。

这里就有个问题！如果足球天才砰地踢出了一个球。那么，这个球到底会跑去哪里呢？（只踢一次球。）

1. 附近等待着球的队长前锋 A

2. 不想奔跑，在球场中央散步的中场球员 B

3. 站在场边的足球会长 C

足球是粒子还是波？如果是现实中的足球，那么 3 个人中位于踢球方向的人肯定会接到球，因此足球是粒子。只踢一次球，不可能同时把球踢给附近的前锋、中场球员、足球会长 3 个人。

但问题从这里开始了。肯定会存在踢一次球，但是附近的 3 名球员同时接到球的情况，就像波一样。这种事真的会发生吗？真的发生了！在一个叫作量子力学的小天地里。在量子力学的世界里，正确答案是 1、2、3 全部包括。

当时科学家们弄不清光是粒子还是波。牛顿说："光是粒子。"虽然人们长时间相信着这种说法,但仍有一种不舒服的感觉。为弄清楚这件事,英国一位物理学家[1] 策划了一个有趣的实验——双缝实验。他的理论是,光穿过墙壁前的2个薄缝隙时,如果光线是粒子,就会通过2个缝隙,按照缝隙的形状在墙壁上画2条线,如果光是波,即使穿过了缝隙,也会像波浪一样波动起伏,由于相互间的碰撞,在墙壁上形成几道花纹。言论很有道理,所以决定试一试。最终墙壁出现的是几道花纹状而不是2条线。太让人惊讶了!这充分证明了光是波而非粒子[2]。

说完光,我们来看下一个射手——电子。电子虽小,但它像足球一样,可以计算个数,1个、2个等,是具有质量的粒子。因为它是粒子,所以穿过2个缝隙时,当然只可能在墙上画2条线,但是,谁也没想到,电子打破了所有人的期待。当它穿过缝隙时竟然留下了几道花纹[3],就像一个球同时分向3个人的情况一样。

这样的结果让当时的科学家们震惊不已。电子要想在

---

[1] 指的是托马斯·杨,他既是英国的物理学家、生理学家,又是精通13国语言的语言学家。

[2] 光实际上具有粒子和波的性质,这叫作波粒二象性。

[3] 这实际上并不是一个电子画出的干涉纹,而是多个电子发射后积累出的干涉纹。

墙上留下花纹的模样，必须飞到粒子无法到达的地方，像波一样波浪起伏才能办到。但不管怎么说，电子都是粒子。根本无法相信的几名科学家决定亲自查看电子到底是通过什么方法飞过缝隙而产生了这样的结果。

令人惊讶的是，在实验中像波一样飞过去画出几道花纹的电子，一旦有人窥视①，就突然变成了一个害羞的小粒子，只画了2条线。开始明明准确无误地像粒子一样行动，不知什么时候又变得像波一样。这就好比说，C罗偷偷地踢出一个球，球同时飞向3个人，但是他很好奇谁接到了球，在他回头看的瞬间，球只会飞到1个人身上。

这种说法会给人留下一种非常识性的、不科学的感觉。不看的话是波，但有人看的话，就变成粒子了？闭上眼就是波，睁开眼就是粒子！这像话吗？实际上，爱因斯坦也和我们一样都这样想过。如果这个结论的意思是说，在被看到之前，不存在"粒子"，那么无论是谁，只要不被看到，就等于事实上不存在。这算什么稀奇古怪的结论？夜晚的天上有月亮吧？但是，如果没有人抬头看月亮的话，就没有月亮了，难道是因为有人第一次看月亮，所以才有了月

---

① 电子太小了，用肉眼当然看不到，但通过电子显微镜这一装备是可以观测到的。

亮吗？一定要是人类去看吗？恐龙或三叶虫去看也是一样的吗？我开始分不清这到底是怎么一回事了。想在这里合上书但是又觉得可惜，快要读到量子力学了！稍微忍耐一下幸福的时刻就会到来。

这个问题可以在整理"看"这个概念的过程中得到一定程度的解决。"看"是什么？虽然可以理解为"睁大眼睛观察"，但"看"的过程中存在非常重要的因素，它就是光。如果是暗室，我们什么也看不见，因为没有能给我们带来信息的光和光子。我们之所以能看到东西是因为光撞到特定物体而凸出来的光子凝结在我们的视网膜上。我们可以通过阅读光子所拥有的信息而看到事物。也就是说，我们为了看到某种东西，得把光子扔到某种东西上。

月亮、汽车和果冻这些东西，光子碰撞上去不会有太大变化。但问题是，在量子世界里，光子是一个非常庞大的家伙。如果像光子一样巨大的粒子飞向以波形态起伏的电子并撞击它时，它就会受到巨大冲击，从而丧失原有的波动性，进而坍缩。对于我们就仅仅是用眼睛看看而已，但从电子的角度来讲，却像是发生了单方过失的交通事故。

虽然为了帮助理解这样去描述有些夸张，但像这样"看"的概念在量子世界中意味着物理冲突，"看"的主体并不单指人或动物这类的生命体，而是宇宙中存在的所有物质。即使我们通过光子进行观测，电子也会坍缩，但如果不是我们而是其他物质，例如，和生活在麻浦区的"金氏灰尘"稍微接触，电子也会发生坍缩，这是因为它与微尘发生了相互作用。[①] 这种解释方法就被称为"哥本哈根诠释"。

"哦，原来如此。在太小的世界里可能会这样。"现在你可能会产生一种似乎能够理解的错觉。但这里又出现了一只动物，它会使我们再次陷入精神崩溃。这就是"薛定谔的猫"。

科学界有两个著名的动物，一个是巴甫洛夫的狗，另一个就是薛定谔的猫。巴甫洛夫的狗一敲铃，就会流口水，于是他在狗的下巴上打个了洞用以测量流出的口水量，似乎没有比这更为残忍的实验了。然而如果薛定谔的猫不是在头脑中进行的思考实验，恐怕还会残忍得多。薛定谔的猫的实验原本是极度讨厌量子力学的薛定谔为了反驳哥本哈根诠释而设计的实验。但是，由于该实验更便于理解说明量子力学所具有的特性，所以现已成为论证量子力学的

---

① 在波和粒子概率重叠的情况下观测，波函数坍缩将是由一个状态决定的。

珍贵存在。

我们熟知的薛定谔的猫是指，在打开箱子之前，无法知道猫是死是活，但在打开箱子的瞬间，我们就能确认猫的生死。如果把盒子放久了猫可能会饿死，但我们在打开盒子之前，猫是死是活这点还是不能够确定的。这样说来的话，这种现象到处都有啊，但看起来好像并不科学。因为这里缺少了非常重要的条件。

让我们带着薛定谔的猫这个理论回到量子世界。电子有时是波，有时又是粒子，它同时具有两者的特性，而并不是说波或粒子二者必居其一。在被观测之前，既是波也是粒子；在看到的瞬间，即观测的瞬间，就会被决定为其中的一种状态。如果还是不理解的话，就这么想吧：我点了炸鸡，却不记得点了什么味道的炸鸡。可能不是调味炸鸡就是原味炸鸡吧。所以在撕掉送过来的包装纸之前，炸鸡既可能是调味炸鸡也可能是原味炸鸡。不是半份调味炸鸡和半份原味炸鸡，而是两种都包含的炸鸡。

赞成量子力学的科学家们认为，因为量子村里生活着一群小东西，所以会发生些很奇怪的事情。是的，在一个电子粒子中就可能发生这样的事情。因为一个粒子太小了。那么，2 个粒子的话就不会发生吗？3 个呢？从 500 个左右开始，真的只存在粒子吗？到底在几个粒子之前既是波又是粒子？什么时候开始才是真正的粒子呢？一定要有个界限，毕竟我们也从来没有将像鼻屎一样的小东西视为波啊。在某一瞬间，将会存在从量子世界向现实过渡的界限，而在界限之后，所有物质都必须以粒子形式存在，这样才行啊。

再回头看一下薛定谔的猫实验，情况非常简单。把复杂的设备去掉，让实验看起来更简单化。密闭的箱子里有一个既是波又是粒子的孤独电子，旁边是毒药和锤子。当是波时，没有任何问题，但是在它成为粒子的瞬间，锤子就会启动，将装有剧毒的瓶子打碎。然后把猫放进盒子里，把盒子封起来。从量子力学的观点来看，现在是观测之前，因此电子既是波又是粒子。但是在观测的瞬间，就会变成两种状态中的一种，锤子要么启动，要么原封不动，也就是说，猫要么死了，要么活着。换句话说，猫的生死取决于观察的瞬间。相反，在观测前，猫不是死或活两种状态中的一种，而是生存和死亡的叠加态。恐怕你觉得这不像话。量子世界很小因此而可以跨越，但毕竟猫不是啊，猫是现实世界里明确的粒子，说什么二重性的话？如果觉得这是无稽之谈，那么量子力学也会给你一样的感觉。

事实上，薛定谔利用猫向我们展示了量子世界中所发生的问题在现实世界中也完全可以发生。界限本身就是不像话的说法，如果说哥本哈根诠释是正确的，那么猫也应该是波和粒子，这就是薛定谔猫的结论。

这又再次越过了反量子力学派强有力的诱惑。不过这个问题也已经解决了。是的。正如薛定谔所下的结论一样，猫是波也是粒子，是正确的。等一下，什么？虽然听过"猫液体说"，但"猫波动说"还是头一次听说，啊，原来猫是波啊。如果让猫通过双缝实验的缝隙，那墙上将会出现好几道花纹吧。

希望你不要误会。"猫具有既是波又是粒子的双重性"是正确的。但是，这样的事情并不是什么时候都能发生的。如果想让它成立，需要非常复杂的条件：必须在真空中，没有光，没有观测，甚至组成猫的细胞的原子之间也不能相互作用。但猫是一个多么复杂的生物啊，由于它被监视得非常严密，不太可能发生大家都观测不到的情况。所以说猫总是以粒子存在。现在可以理解了吗？

尽管如此，科学家们还是在实验中努力寻找能够拥有波和粒子双重性的最小尺寸的物质。目前发现了由 60 个碳原子组成的世界上最小的足球模样的分子在通过双缝实验时，出现了像波一样可以呈现多个干涉花纹的现象。下一个阶段研究的就是比它大 100 倍的病毒。如果病毒可以画出干涉花纹，就能成为第一个被证明具有双重性的生命体，之后可能还需要研究如何解释这个家伙可以一次在两个地方同时存在的现象。

我们从经典力学的世界中醒来，就决定了去上班、下班、上学、吃饭、上厕所，在观测之前我们又都处在所有事物都概率叠加的量子力学的世界中。一切状态可能都是叠加起来的，每次我们观测到的瞬间都会决定一个宇宙。生活有什么改变吗？一切可能照旧。当你拿着这本书徘徊在分类回收的垃圾桶前，又突然决定要看下去的时候，叠加态的"书被丢弃的宇宙"也就坍缩了。唉，真是万幸！

图书在版编目（CIP）数据

科学装懂指南 / (韩)轨道著；程乐译. -- 北京：
台海出版社, 2021.2
ISBN 978-7-5168-2858-8

Ⅰ.①科… Ⅱ.①轨…②程… Ⅲ.①科学知识－普
及读物 Ⅳ.①Z228

中国版本图书馆CIP数据核字(2020)第248720号

北京市版权局著作合同登记号：图字01-2020-7003

궤도의 과학 허세 © orbit（轨道）, 2018 All rights reserved The simplified
Chinese translation is published by arrangement with EAST-ASIA Publishing
co., Korea through Rightol Media in Chengdu. 本书中文简体版权经由锐拓传媒
取得（copyright @ rightol.com）。

科学装懂指南

著　　者：〔韩〕轨道	译　　者：程　乐

出 版 人：蔡　旭	封面设计：铁皮怪鸭
责任编辑：曹任云	策划编辑：刘　可

出版发行：台海出版社
地　　址：北京市东城区景山东街20号　　邮政编码：100009
电　　话：010-64041652（发行，邮购）
传　　真：010-84045799（总编室）
网　　址：www.taimeng.org.cn/thcbs/default.htm
E-m a i l：thcbs@126.com

经　　销：全国各地新华书店
印　　刷：北京金特印刷有限责任公司
本书如有破损、缺页、装订错误，请与本社联系调换

开　　本：787毫米×1092毫米		1/32	
字　　数：112千字		印　　张：7.75	
版　　次：2021年2月第1版		印　　次：2021年2月第1次印刷	
书　　号：ISBN 978-7-5168-2858-8			

定　　价：52.00元